Wunderfitz

Arbeitsbuch No. 5

Impressum

3. Auflage

Gedruckt auf umweltfreundlichem, chlorfrei gebleichtem Papier

Alle Rechte vorbehalten – Printed in Germany
© Verlag Herder Freiburg im Breisgau 2004
www.herder.de

Satz und Gestaltung: Büro MAGENTA, Freiburg
Umschlagillustration: Maryse Forget, Lahr
Druck und Bindung: fgb·freiburger graphische betriebe 2006
www.fgb.de

ISBN-13: 978-3-451-26514-3
ISBN-10: 3-451-26514-1

Inhalt

5 Vorwort

6 Die Welt erschaffen
Schweres leicht gemacht
Kräftige Hebel
Bauen und Konstruieren
Ins Rollen bringen
Heben und Ziehen – ganz einfach
Drehflügel-Hubschrauber
Luftmaschine
Wasserkompass
Schatzangeln und Klammerlabyrinth
Zauberhafter Trick-Knick

16 Die Welt spüren
Wir machen Körpergeräusche
Wir erforschen Geräusche
Schall spüren und sehen
Alles im Gleichgewicht
Ist Luft zu spüren?
Wir sehen Licht
Spiegelbilder
Zauberspiegelkabinett
Den Regenbogenkreisel verzaubern
Thaumatrop

26 Sich in der Welt verständigen
Dosentelefon und Löffelglocke
Schwimmer oder Nichtschwimmer?
Wo ist Luft?
Aus nass wird trocken
Wurzeln im Ei
Was magnetische Kräfte können
Zahlentreppe
Mengen
Messen
Form und Raum

36 Die Welt erforschen
Warum gibt es Schatten?
Ein selbst gemachter Regenbogen
Eine Rakete geht ab ...
Leise Geräusche werden lauter
Lupen und andere Linsen
Wenn der Strom im Kreis läuft
Küchen- und Haustechnik erforschen
Auto mit Euroantrieb
Froschmänner
Den Farben auf der Spur

46 Die Welt deuten
Eierkreisel und Tanzknöpfe
Erbsen mit Kernkraft
Fliegt es oder fällt es?
Wasserläufer
Volumenerfahrungen mit Wasser
Bewegungsenergie
Der Drehsack – ein Energiespeicher
Die Pole
Kommen Magnetkräfte überall durch?
Bootsfahrt ohne Motor

Die Bildungsbereiche des Arbeitsheftes

Die Gruppierung der Aufgaben-Themen entspricht der Konzeption der Wunderfitz-Bildungsmappe. Auf das Thema naturwissenschaftlich-mathematische Kompetenz übertragen heißt das:

Die Welt erschaffen
Die Kinder sind aufgefordert, naturwissenschaftlichen Prinzipien auf den Grund zu gehen, indem sie selbst Konstruktionen herstellen oder nutzen.

Die Welt spüren
Bei diesen Aufgaben entwickeln die Kinder über ihre sinnliche Wahrnehmungsfähigkeit erste Vorstellungen von naturwissenschaftlichen Fakten.

Sich in der Welt verständigen
Bei diesen Experimenten und mathematischen Erfahrungen liegen die Schwerpunkte auf dem Kommunikationselement Sprache und der Visualisierung von Erkenntnissen durch Zeichen und Symbole. Mathematik ist die »Sprache der Naturwissenschaften«.

Die Welt erforschen
Die Kinder experimentieren und versuchen durch Ausprobieren und Beobachten naturwissenschaftlich relevante Anhaltspunkte zu entdecken.

Die Welt deuten
Bei diesen Aufgaben lernen die Kinder, ihre naturwissenschaftlichen Vorstellungen zu beschreiben. Sie werden angeregt, Beobachtetes zu interpretieren und damit Geheimnissen der Naturwissenschaft auf die Spur zu kommen.

Vorwort

Kinder erforschen die Welt, sie sind begierig groß zu werden. Dabei richtet sich ihr Interesse nicht nur auf soziale Bezüge, sondern auch auf die sie umgebende Welt der Dinge. Ihre unbefangene Wissbegier beschränkt sich nicht auf Pflanzen und Tiere, sondern umfasst auch den Bereich der unbelebten Natur. Bereits beim frühkindlichen Turmbauen experimentieren Kinder und erkunden dabei die Gesetze der Schwerkraft. Sind sie erst der Sprache mächtig, interpretieren sie ihre naturwissenschaftlichen Entdeckungen mit eigenen Gedanken und Ideen: »Der Schatten ist wie ein Abend, der kommt, wenn die Sonne scheint.« Ein genialer Denkvorgang, unbefangen philosophisch gedeutet.

In zahlreichen Wieso-, Weshalb- und Warum-Fragen drücken sich Forscherdrang und Neugier der Kinder aus. Diese für ihre weitere Entwicklung unabdingbare Einstellung muss durch gezielte Beobachtung und Wahrnehmung der individuellen Bildungsinteressen und eine anregende Lernumgebung, die Naturwissenschaften nicht ausschließt, sondern integriert, wachgehalten und aktiviert werden.
Die Naturwissenschaften regen Kinder in besonderem Maße zur Erforschung unserer Welt an. Experimente vermitteln ihnen nicht nur Lösungen für praktische Probleme, sondern auch die reine Freude an neuen Erkenntnissen. Dazu brauchen sie Raum, Material und Anregung. Je selbstverständlicher Physik und Chemie, Mathematik und auch Technik im Alltag der Kinder aktiv und handelnd integriert werden, desto mehr wird ihre Neugier zunehmen und ihre naturwissenschaftliche Lernerfahrung wachsen. Für die Praxis bedeutet das, Kindern Forschungsgrundlagen der Naturwissenschaften zu organisieren, sie zum Beobachten, Messen, Vergleichen und Experimentieren anzuregen. Davon ausgehend können sie zunehmend selbstständig Erklärungen finden und formulieren, die beobachteten Vorgänge und ihre Zusammenhänge beschreiben, ihre experimentellen Ergebnisse wiederholen und überprüfen.

In diesem Arbeitsheft finden Sie konkrete Anregungen zum Experimentieren und zur spielerischen Annäherung an naturwissenschaftliche Phänomene. Entsprechend der Konzeption der Wunderfitz-Bildungsmappen enthält auch das Wunderfitz-Arbeitsheft Materialien für Kinder im Vorschulalter. Die **Aufgaben der Kinder** richten sich überwiegend an Fünf- und Sechsjährige. Bei manchen Versuchen benötigen die Kinder Ihre Mithilfe, um die Aufgabe lösen zu können.
Grundlage für eine sinnvolle Wissensvermittlung ist vor allem Ihr Fachwissen. Dieses ist unverzichtbar. Wenn Sie **Hintergrundwissen** und Erklärungen kennen, erkennen Sie auch den »Kern« der Fragen und Kommentare, die Kinder zu Erlebnissen und Versuchen haben, und können in geeigneter Weise darauf eingehen.

Ich wünsche Ihnen und den Kindern viel Spaß und Lust, in die Denk- und Erlebnisräume der Naturwissenschaft einzusteigen.

Sylvia Näger

Die Welt erschaffen

Schweres leicht gemacht

Ziele und Bedeutung
- Mit einfacher Mechanik experimentieren
- Mechanik der Bewegung entdecken
- Eine Problemlösung finden

Jeden Tag spüren wir die Schwerkraft, die uns am Boden hält und sich uns widersetzt, wenn wir etwas Schweres heben möchten. Im Spiel verwenden Kinder Mittel, die Bewegung und Transport erleichtern, wie z. B. Schubkarre, Leiterwagen oder Rollbrett. Mit diesem Versuch wird ihr Interesse angeregt, die Mechanik der Bewegung zu erforschen.

Vorbereitung
Besorgen Sie sich ein Buch, in dem die Cheops-Pyramide abgebildet ist.

Gruppe: bis zu sechs Kinder
Material: ein Sachbuch mit Baustellenfahrzeugen, ein stabiler Pappkarton mittlerer Größe, drei ca. 2–3 cm dicke Rundhölzer (sollten etwas länger sein, als der Karton breit ist), viele schwere Bücher, Schnur

Einstimmung
Betrachten Sie mit den Kindern ein Bilderbuch mit Baustellenfahrzeugen. Erzählen Sie den Kindern, dass es eine Zeit gab, in der die Menschen überhaupt keine Maschinen kannten. Obwohl sie alles selbst ziehen und heben mussten, konnten sie riesengroße Steine und andere Materialien bewegen und große Bauwerke erschaffen. Zeigen Sie ihnen die Abbildung der Pyramiden und kündigen Sie an, dass sie nun selbst erforschen und kennen lernen werden, wie man schwere Dinge, auch ohne Maschinen, leichter von der Stelle bewegen kann.

Aufgaben der Kinder
1. Füllt den Karton mit Büchern und versucht, ihn zu ziehen.
2. Habt ihr eine Idee, wie das noch leichter gehen könnte?
3. Versucht es mal mit den drei Rundhölzern.
4. Was könnt ihr tun, um den Karton nun vorwärts zu rollen?

Weiterer Spielverlauf
Indem die Kinder die Rundhölzer unter den Karton legen, lässt er sich leichter von der Stelle bewegen. Es erfordert etwas Übung, das Rundholz, das hinten wegrollt, schnell wieder vorne unterzuschieben. Die Kinder werden feststellen, dass sich der Karton auf den Rollen viel leichter vorwärts bewegt.
Binden die Kinder eine Schnur an ihr Gefährt, so geht es noch besser zu ziehen.

Hintergrundwissen
Dass es mühevoll ist, den gefüllten Pappkarton auf einer flachen Unterlage zu ziehen, daran sind vor allem die Kräfte zwischen den kleinsten Stoffteilchen, den Molekülen, schuld. Sie versuchen, den Karton festzuhalten, und je größer die Auflagefläche ist, desto stärker sind die Kräfte, die wirken. Man nennt das »Gleitreibung«. Sehr viel kleiner ist die Auflagefläche bei der Rollreibung, deshalb lässt sich der Karton auf den Rundhölzern schon viel leichter bewegen. Am kleinsten ist die Reibung bei Kugeln. Deshalb stattet man im Motor schwer belastete Achsen und Wellen mit Kugellagern aus und macht sie so leicht beweglich.

Die Welt erschaffen

Kräftige Hebel

Ziele und Bedeutung
- Hebelgesetz erleben
- Hebelkraft anwenden
- Physikalische Grundsätze als Problemlösung anwenden

Was die Kinder hier benutzen, ist eine der ältesten und einfachsten »Maschinen«: der Hebel. Mit einem Hebel lässt sich eine Last heben oder ein Widerstand überwinden (z. B. den Kronenkorken einer Flasche anheben und so die Flasche öffnen).

Vorbereitung
Eine sehr schwer gefüllte Plastikkiste vorbereiten.

Gruppe: bis zu sechs Kinder
Material: ein Holzlineal, ein Prisma oder eine »Toblerone«, ein schweres Buch

Einstimmung
Ziehen Sie eine Kiste, die so schwer ist, dass man sie nicht einmal an einer Seite hochheben kann, in die Mitte des Stuhlkreises. Berichten Sie den Kindern, dass es eine Kraft gibt, die ihnen weiterhelfen kann, die Kiste hochzubekommen und dass sie diese Kraft jetzt erst einmal gemeinsam am Tisch ausprobieren werden. Zeigen Sie den Kindern das Prisma, lassen Sie sie herausfinden, wie viel Ecken es hat, und erklären Sie Ihnen, dass man diese Form als Prisma bezeichnet.

Aufgaben der Kinder
1. Einer von euch legt das Prisma auf den Tisch.
2. Ein anderer legt das Lineal genau in der Mitte auf das Prisma.
3. Die Nächste legt das Buch auf ein Ende des Lineals und drückt fest auf das andere Ende des Lineals.
4. Das können alle nacheinander ausprobieren. Lässt sich das Buch gut anheben?
5. Ein Kind legt nun das Prisma so, dass es sich nicht mehr in der Mitte des Lineals, sondern ganz nahe am Buch befindet.
6. Und was passiert jetzt, wenn ihr auf das freie Ende der Wippe drückt?

Weiterer Spielverlauf
Die Kinder erleben, dass sich das Buch ohne großen Kraftaufwand anheben lässt. Dann versuchen die Kinder, die schwere Kiste mit der Hebelkraft anzuheben. Lassen Sie sie selbst nach geeignetem Material suchen, das sie dafür einsetzen können.
Achten Sie mit den Kindern darauf, wo sie überall solche Hebel antreffen, die unsere Kraft vervielfachen: in der Zange, im Nussknacker, bei der Schubkarre, beim Flaschenöffner, in der Schere oder beim Arbeiten mit einem Schraubenschlüssel.

Hintergrundwissen
Wenn das Prisma nahe am Buch liegt, wirkt das Lineal als Hebel. Hebel sind umso wirksamer, je näher das Gewicht beim Drehpunkt (am Auflagepunkt) liegt und je weiter entfernt der Punkt ist, auf den die Kraft zum Heben des Gewichts ausgeübt wird.

Die Welt erschaffen

Bauen und Konstruieren

Ziele und Bedeutung
- Dreidimensionale Welten spielerisch begreifen
- Raumvorstellung verbessern
- Grundlagen der Statik erkennen
- Eigene Werke schaffen

Bauen ist eine Form des Spiels, bei der Kinder nicht mehr nur um des Spielens willen spielen, sondern dreidimensionale Spielprodukte herstellen wollen. Dabei haben sie wichtige emotionale Erlebnisse, denn sie machen besonders intensiv die Erfahrung, dass sie das Geschaffene selbst hergestellt haben. Solche Erfolge machen Kinder stolz und selbstbewusst, motivieren sie zu weiteren Werken. Das konstruierende Spiel vermittelt Kindern damit das wichtige Erlebnis, etwas selbst herzustellen, neues Wissen zu erwerben, neue Erfahrungen zu machen und nicht zuletzt auch ihre Erlebnisse zu verarbeiten.

Vorbereitung
Schneiden Sie aus starken Pappkartons einige Stücke, etwa in der Größe von Bilderbüchern. Es sollten nicht alle gleich groß sein. Plastiktabletts, alte Bilderbücher oder anderes nicht flexibles, aber unzerbrechliches Material ist ebenfalls geeignet.

Gruppe: *bis zu sechs Kinder*
Material: *ca. 30 Plastikbecher, zehn Stücke Karton*

Einstimmung
Sprechen Sie mit den Kindern über ihre Bautätigkeiten und über verschiedene Formen von Häusern und Türmen.

Aufgaben der Kinder
1. Könnt ihr aus den Plastikbechern einen hohen Turm bauen?
2. Wie hoch wird er, bis er stürzt?
3. Könnt ihr aus den Kartonstücken und den Plastikbechern einen Turm bauen?
4. Wie bleibt euer Turm stabil stehen?

Weiterer Spielverlauf
Erklären Sie den Kindern, dass eine breite Grundfläche ihren Turm stabiler macht. Regen Sie die Bautätigkeit der Kinder durch Abbildungen interessanter Bauwerke an. Lassen Sie die Kinder aber auch mit offenem Material wie Holz, Papier und Verpackungsmaterialien bauen und konstruieren. Stellen Sie ihnen auch Großbaumaterialien zur Verfügung, die Raum- und Lagebeziehungen erfahrbar machen. Konstruktionsmaterialien wie »baufix« für die Jüngeren oder »Fischertechnik« für die Älteren bieten Möglichkeiten, Konstruktionen zu realisieren, bei denen mehrere Bauteile durch Gewinde mit Schrauben und Muttern fixiert sind und einfache Bewegungseffekte entstehen können.

Hintergrundwissen
Je größer die Grundfläche eines Turms, desto tiefer liegt der Schwerpunkt und desto stabiler ist er. Der soziale Austausch im Spiel hat übrigens auch Einfluss darauf, wie sich die konstruierenden Fähigkeiten von Kindern entwickeln.
Für Kinder werden im Bauspiel schlichte Statikgesetze erkennbar, beim Konstruieren wird technische Experimentierfreude angeregt.

Die Welt erschaffen

Ins Rollen bringen

Ziele und Bedeutung
- Reibungseigenschaften unterschiedlicher Materialien kennen lernen
- Bewegungsverhalten verschiedener Körper erproben
- Prinzip der Rampe kennen lernen

Warum bleibt der Ball, den ich ins Rollen gebracht habe, schließlich doch liegen? Warum gehen Klettverschlüsse so schwer auf? Solche Fragen ergeben sich aus den Alltagserfahrungen der Kinder. Wer sie beantworten will, wird sich mit den Kräften der Reibung auseinander setzen müssen. Dass die sich einfach aus Erlebnissen ableiten lassen, zeigen folgende Versuche.

Vorbereitung
Besorgen Sie ein Stück Teppichboden.

Gruppe: bis zu sechs Kinder
Material: eine kleine Kugel, ein Kegel, ein Würfel, ein Ball, einige Murmeln, ein Stück Teppichboden, eine Kugelbahn, eine Kiste und ein Brett zum Bau einer Rampe

Einstimmung
Beginnen Sie im Stuhlkreis ein Gespräch über die Frage: »Was haben wir alles im Kindergarten, das rollt?« Sicher werden viele von den aufgezählten Dingen mit Hilfe von Rädern rollen. Bringen Sie diese Tatsache ein und kündigen Sie an, dass heute gemeinsam erforscht werden wird, wie sich Dinge rollend fortbewegen.

Aufgaben der Kinder
1. Findet heraus, welches der drei Dinge sich am besten rollen lässt: der Kegel, der Würfel oder die Kugel.
2. Rollt einen Ball langsam über den Boden. Was passiert?
3. Probiert aus, wo die Murmel besser rollt: auf dem Teppichboden oder auf dem glatten Boden?

Weiterer Spielverlauf
Die Kinder können feststellen, dass sich die Reibungskraft durch Geschwindigkeit verringern lässt. Eine Kugel beschleunigt sich z. B. durch die schiefen Ebenen einer Kugelbahn und überwindet dabei die Reibungskräfte besser als auf einer Ebene. Bauen Sie mit den Kindern aus der Kiste und dem Brett eine Rampe. Lassen Sie sie mit selbst zusammengesuchten Dingen erproben, was sehr gut rollt, was schlecht rollt und was überhaupt nicht rollt.

Hintergrundwissen
Als Reibung bezeichnet man die Kraft, die eine Bewegung hemmt und abbremst. Reibung bewirkt also, dass sich Dinge langsamer oder gar nicht mehr bewegen. Sie tritt auf, wenn bewegte Gegenstände oder Oberflächen aneinander reiben. Rollende Gegenstände überwinden die Reibung besser als andere. Rauere Oberflächen bewirken höhere Reibungskräfte als glatte, deswegen rollen Murmeln besser auf Stein- als auf Teppichboden.

Die Welt erschaffen

Heben und Ziehen – ganz einfach

Ziele und Bedeutung
- Mechanische Vorrichtung kennen lernen
- Eigene Kräfte einsetzen
- Mechanik als Spielimpuls nutzen

Ein Flaschenzug ermöglicht es, mit wenig Kraft schwere Gegenstände zu heben. Er ist ein sehr altes Hilfsmittel, das aus zwei Rollen und einem Seil besteht. Seine Funktion ist für Kinder einfach zu durchschauen und sie verwenden ihn mit viel spielerischer Hingabe.

Vorbereitung
Flaschenzüge müssen sicher sein und funktionieren. Deswegen empfiehlt es sich, professionelle Geräte (Baumarkt) oder einen aus einem Bausatz hergestellten Flaschenzug zum Einsatz zu bringen. (www.spielzeug-kraul.de) Bauen Sie den Flaschenzug probeweise zusammen. Finden Sie einen geeigneten Platz, an dem Sie ihn später aufhängen werden.

Gruppe: bis zu sechs Kinder
Material: ein Flaschenzug, eine verschließbare Tasche, Holzbausteine

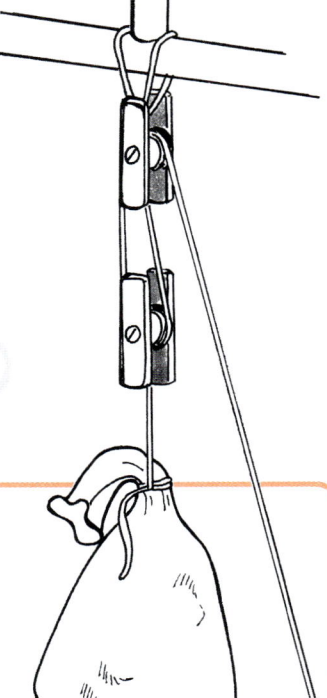

Einstimmung
Sprechen Sie mit den Kindern darüber, welche Maschinen was erleichtern: Das Auto hilft schneller vorwärts zu kommen, der Bohrer dient dazu, mit wenig Kraft Löcher zu bohren usw. Berichten Sie den Kindern, dass sie heute mit einer kleinen Maschine versuchen können, etwas leichter nach oben zu transportieren.

Aufgaben der Kinder
1. Füllt die Tasche mit Bauklötzen und schließt sie.
2. Wer versucht, sie über den Kopf zu heben? Wie viel Kraft brauchst du dazu?
3. Betrachtet diese Teile, die werde ich jetzt zu einer Maschine zusammenbauen, die Flaschenzug heißt. Ihr könnt mir dabei helfen. (Dann hängen Sie den Flaschenzug auf.)
4. Einer befestigt die Tasche am Seil und zieht sie hoch.

Weiterer Spielverlauf
Besprechen Sie mit den Kindern ihre Eindrücke und fragen Sie, wie sie sich erklären, dass die Tasche mit dem Flaschenzug leichter hochzuziehen ist.

Hintergrundwissen
Um eine Last anzuheben, muss man Kraft aufwenden. Wenn man direkt an der Last zieht oder an einem Seil, das nur über eine Rolle geführt wird, dann muss man mit voller Kraft ziehen. Wenn das Seil aber über zwei Rollen läuft, muss man nur noch mit halber Kraft ziehen. Die Konstruktion der übereinander hängenden Rollen nennt man Flaschen, daher der Name »Flaschenzug«.

Die Welt erschaffen

Drehflügel-Hubschrauber

Ziele und Bedeutung
- Phänomen des Fliegens spielerisch umsetzen
- Luftwiderstand erleben
- Konzentration üben
- Werkschaffend tätig sein

Viele technische Errungenschaften sind durch intensive Beobachtung der Natur entstanden: Vogelschwingen waren das Vorbild für die Flugzeugflügel, Taucherflossen sind den Schwimmvögeln abgeschaut und das Prinzip der wirbelnden Flügel eines Hubschraubers findet sich bei Samen wieder.

Vorbereitung
Den Bastelbogen für jedes Kind kopieren und den Drehflügel-Hubschrauber erproben.

Gruppe: bis zu acht Kinder
Material: für jedes Kind eine Kopie des Bastelbogens, eine Büroklammer, eine Schere, Buntstifte zum Anmalen der Hubschrauber

Einstimmung
Zeigen Sie den Kindern die Vorlage und erklären Sie die Vorgehensweise.

Aufgaben der Kinder
1. Schneidet den Drehflügel-Hubschrauber aus und schneidet ihn an den Linien mit der Schere ein.
2. Faltet ihn an den gestrichelten Linien.
3. Befestigt eine Büroklammer am unteren Ende.
4. Werft den Drehflügel-Hubschrauber hoch.

Hintergrundwissen
Mit seinen wirbelnden Drehflügeln (Rotoren) unterscheidet sich der Hubschrauber von einem Flugzeug. Dennoch benutzt er, genauso wie ein Flugzeug, Tragflügel zum Fliegen. Die Flügel eines Hubschraubers drehen sich in der Luft wie eine Schraube im Holz. Die Drehbewegung entsteht, weil die Flügel gezwungen sind, sich in eine bestimmte Richtung zu bewegen. Bei unserer Produktion behindern die Luft und die Form der Flügel den Fall.

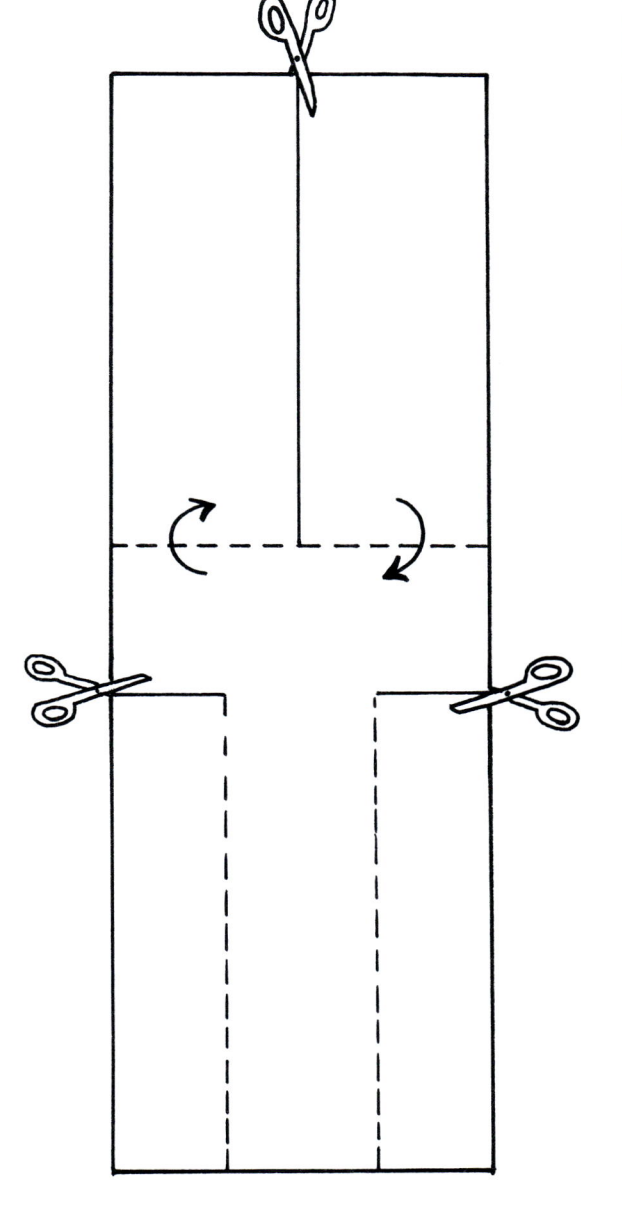

11

Die Welt erschaffen

Luftmaschine

Ziele und Bedeutung
- Kräfte der Natur kennen lernen
- Selbst Luftkraft erzeugen
- Objekte durch Luftkraft in Bewegung setzen

Dass Luft Platz braucht, erfahren die Kinder mit den Experimenten im Versuch »Wo ist Luft« (siehe S. 28). In diesem werkschaffenden Experiment geht es darum, Kinder erleben zu lassen, dass Luft Objekte bewegen und Arbeit übernehmen kann.

Vorbereitung
Bauen Sie eine Luftmaschine: Legen Sie die beiden Topfkratzer-Schwämme in die Tüte. Stecken Sie den Strohhalm zwischen die beiden Schwämme, sodass er aus der Tüte herausschaut. Dichten Sie die Tüte mit Isolierband ab. Jede Gruppe benötigt eine Luftmaschine und einen Tisch.

Gruppe: bis zu sechs Kinder
Material: ein Windrad; pro Luftmaschine eine stabile Plastiktüte, ein Trinkhalm und zwei Schwämme, Isolierband, Alufolie, eine Schere

Einstimmung
Lassen Sie die Kinder gegen ein Windrad pusten und feststellen, was passiert, wenn sie mal stärker blasen und dann wieder ganz sachte. Dann zeigen Sie den Kindern ihre Luftmaschine und demonstrieren, dass sie funktioniert, indem man die Schwämme platt drückt, was verursacht, dass ein Schwall Luft durch den Halm gedrückt wird.
Bauen Sie mit den Kindern zusammen noch weitere Luftmaschinen, eine für jede Zweiergruppe.

Aufgaben der Kinder
1. Teilt euch in drei Gruppen auf.
2. Macht aus einem kleinen Stück Alufolie ein kleines Bällchen.
3. Versucht, mit der Luftmaschine das Bällchen über den Tisch zu rollen.
4. Macht einen etwas größeren Ball, den ihr auch mit der Luftmaschine bewegt.
5. Welcher Ball fliegt weiter?

Weiterer Spielverlauf
Geben Sie den Kindern ein Sortiment von Objekten in verschiedenen Formen und lassen Sie sie herausfinden, welche Formen man am einfachsten bewegen kann.

Hintergrundwissen
Luft kann man auf viele unterschiedliche Arten in Bewegung versetzen. Aber Luft bewegt sich auch von selbst. Wenn sie unterschiedlich erwärmt wird, entstehen kalte und warme Luftschichten. Die warme Luft ist leichter als die kalte, sie steigt nach oben. An ihre Stelle strömt die kalte Luft. Die Bewegung der Luft ist der Wind, der sich sehr unterschiedlich schnell bewegen kann.

Die Welt erschaffen

Wasserkompass

Ziele und Bedeutung
- Magnetkraft nutzen
- Himmelsrichtungen kennen lernen

Wenn die Kinder ihren eigenen Kurzzeitmagneten herstellen, finden sie heraus, wofür Magnete nützlich sind und dass man sie als Kompass benutzen kann. Bevor Sie diesen Wasserkompass bauen, sollten Sie mit den Kindern die Versuche »Was magnetische Kräfte können« (siehe S. 31), »Kommen Magnetkräfte überall durch?« (siehe S.54) und »Die Pole« (siehe S. 53) durchführen.

Gruppe: bis zu sechs Kinder

Material: eine Weltkugel, ein Kompass, ein starker Magnet (Hufeisen- oder Stabmagnet), eine Schüssel Wasser, eine Korkenscheibe, zwei Nähnadeln, vier Blatt Papier, ein dicker Stift

Einstimmung
Geben Sie den Kindern die Grundinformation, dass die Erde ein riesiger Magnet mit einem Nord- und einem Südpol ist. Zeigen Sie ihnen die beiden Pole auf einer Weltkugel. Fragen Sie die Kinder, wie ein Schiffskapitän wohl weiß, wohin er sein Schiff steuern muss, wenn er nur Wasser sieht. Kündigen Sie an, dass es nun die Aufgabe ist, einen Kompass herzustellen, der auf Grund der magnetischen Kräfte einem Kapitän zeigt, wo es langgeht.

Aufgaben der Kinder
1. Reihum reibt jedes Kind die Nadel zehnmal über den starken Magneten: immer von oben nach unten.
2. Einer probiert, ob er mit der Nadel eine andere Nadel aufheben kann – dann ist ein Magnet entstanden.
3. Einer legt die Korkenscheibe ins Wasser, ein anderer legt vorsichtig die Nadel obendrauf.
4. Beobachtet, was passiert.

Weiterer Spielverlauf
Die Kinder erkennen, dass die Nadel erst herumschwingt, bis das eine Ende nach Süden, das andere nach Norden zeigt. Das kann mit dem echten Kompass überprüft werden. Betrachten Sie mit den Kindern den echten Kompass und erläutern Sie, dass ein Kompass uns, egal wo wir gerade sind, immer zeigt, wo Norden ist. Deswegen kann ein Kapitän sein Schiff mit dem Kompass in eine bestimmte Richtung steuern. Die Kinder können nun mit Hilfe des Kompasses in ihrem Raum die vier Himmelsrichtungen feststellen. Hängen Sie entsprechend Zettel mit Süden, Norden, Westen, Osten auf.

Hintergrundwissen
Die Erdkugel selbst ist ein großer Magnet. Die Magnetpole der Erde liegen in der Nähe des Nordpols und des Südpols. Die magnetischen Kraftlinien der Erde verlaufen von einem Pol zum anderen, sie sind mehr als 20.000 km lang. Der Kompass bzw. die Nadel dreht sich im Magnetfeld der Erde immer so, dass seine Spitzen auf die magnetischen Pole zeigen.

Die Welt erschaffen

Schatzangeln und Klammerlabyrinth

Ziele und Bedeutung
- Magnetkraft anwenden
- Mengen addieren
- Eigene Spielideen entwickeln
- Feinmotorik fördern

Magnete wecken den Spieltrieb bei Kindern und wenn sie erst einmal beginnen, mit Magneten zu spielen, dann hören sie so schnell nicht wieder auf, damit zu experimentieren. Dem Bau dieser Schatzangel sollten die Versuche »Was magnetische Kräfte können« (siehe S. 31) und »Kommen Magnetkräfte überall durch?« (siehe S. 54) vorangehen.

Vorbereitung
Für den Bau der Angeln sind Ringmagnete ideal: Sie haben in der Mitte ein Loch, an dem die Kinder den Faden leicht befestigen können. Günstig beziehen Sie diese online unter www.supermagnete.de. Bauen Sie aus dem Ringmagneten eine Angel.

Gruppe: bis zu acht Kinder

Material: acht kleinere Stücke Goldfolie, ein Permanentfilzstift, ein Schuhkarton, Scheren, acht Stifte oder Stöckchen, Bindfaden, ein Becher Büroklammern, acht Ringmagnete
Für das Klammerlabyrinth: stärkere Pappe, Buntstifte, acht Scheiben- oder Ringmagnete

Einstimmung
Zeigen Sie den Kindern ihre Magnetangel. Die Kinder werden entdecken, dass sich an dieser Angel kein Haken, sondern ein Magnet befindet. Fragen Sie, was damit wohl zu angeln sei. Sicher werden sie ihre Erfahrungen einbringen und erkennen, dass die bereitgestellten Büroklammern geeignetes Angelmaterial sind. Verteilen Sie die Goldfolie und erklären Sie, dass das die Schätze zum Angeln sind.

Aufgaben der Kinder
1. Jedes Kind schneidet drei Goldschätze aus.
2. Auf jeden malt ihr mit einem Permanentstift ein, zwei oder drei Punkte.
3. Befestigt an jedem Schatz eine Büroklammer.
4. Legt eure Schätze in den Pappkarton.
5. Jeder baut aus dem Buntstift, einem Stück Bindfaden und einem kleinen Magnetring eine Angel.
6. Überlegt euch eine Spielregel.

Weiterer Spielverlauf
Die Kinder spielen das Spiel. Die Punkte auf den Schätzen sollen die Kinder zum Addieren anregen. Das Spielprinzip lässt sich in viele Geschichten einkleiden. Vielleicht legen Sie Perlen bereit, dann lassen sich die Summen leicht bilden.

Hintergrundwissen
Siehe »Was magnetische Kräfte können« (siehe S. 31) und »Kommen Magnetkräfte überall durch?« (siehe S. 54).

Die Welt erschaffen

Zauberhafter Trick-Knick

Ziele und Bedeutung
- Mit Material experimentieren
- Kapillarkräfte beobachten
- Vermutungen formulieren

Ein Teller Wasser und einfache Materialien reichen aus, dass die Kinder konzentriert eine Veränderung verfolgen werden. Diese Veränderung, die durch die Anziehungskräfte zwischen den Wassermolekülen entsteht, werden die Kinder zu vielfältigen Vermutungen inspirieren.

Vorbereitung
Kopieren sie eine Seerosen-Vorlage für jedes Kind.

Gruppe: *bis zu acht Kinder*
Material: *Streichhölzer, dickes Papier, Buntstifte, eine mit Wasser gefüllte Gießkanne, für jedes Kind einen Teller*

Einstimmung
Zeigen Sie den Kindern folgenden Trick: Knicken Sie die Streichhölzchen in der Mitte. Geben Sie dabei Acht, dass sie nicht durchbrechen. Legen Sie sie in Kreuzform auf einen Teller. Wenn Sie jetzt auf die Knickstellen etwas Wasser träufeln, beginnt das Schauspiel: An den Knickstellen saugen sich die Zellen im Holz voll Wasser. Sie quellen auf und drücken die Hölzchen wieder in ihre ursprüngliche Form zurück. Berichten Sie den Kindern, dass sie mit diesem Trick eine Blüte öffnen können.

Aufgaben der Kinder
1. Schneidet die Seerosen aus.
2. Malt sie an.
3. Faltet die Blütenblätter fest nach innen.
4. Füllt einen Teller mit Wasser.
5. Legt die Seerosen in den Teller und beobachtet, was passiert.

Weiterer Spielverlauf
Die Kinder können verfolgen, wie sich die Blüten der Seerosen im Zeitlupentempo öffnen. Regen Sie die Kinder an, ihre Beobachtung zu deuten. Regen Sie die Kinder an, selber ein Geisterschiff auf ein stärkeres, in der Mitte zusammengefaltetes Blatt Papier zu zeichnen. Dessen Umriss wird oberhalb des Knicks ausgeschnitten. Wenn dann das Blatt Papier auf das Wasser gelegt wird, richtet sich das Schiff wie von Geisterhand auf.

Hintergrundwissen
Papier besteht zum großen Teil aus pflanzlichen Fasern, die wie hauchfeine Schläuche gebildet sind. In diesen so genannten Kapillarröhren steigt das Wasser durch die Anziehungskraft zwischen den Molekülen empor. Die Fasern im Papier quellen auf. Dabei dehnen sie sich aus, auch an den Knickstellen. Dadurch biegen sie sich wieder in ihre ursprüngliche Form zurück.

Die Welt spüren

Wir machen Körpergeräusche

Ziele und Bedeutung
- Auditive Wahrnehmung anregen
- Körperliche Wahrnehmung vertiefen
- Geräusche, Bewegung und Sprache koordinieren

Um Geräusche zu produzieren, brauchen wir nicht immer Materialien. Unser eigener Körper ist ein idealer Klangkörper und bietet ein großes Repertoire an Tönen und Geräuschen. Der Mund- und Rachenraum kann summen, husten, singen, reden, niesen, pfeifen, mit der Zunge schnalzen, die Nase kann schniefen, pusten, trompeten, atmen oder niesen.

Vorbereitung
Die Kinder setzen sich in einen Kreis, sodass jedes genügend Platz hat, seine Geräusche zu produzieren und jeder jeden sehen und hören kann.
Gruppe: bis zu acht Kinder
Material: ein Kassettenrecorder und eine Tonkassette, ein Mikrofon

Einstimmung
Sie beginnen beispielsweise mit folgendem Gespräch, die Kinder einzustimmen: »Habt ihr schon bemerkt, dass in unserem Körper jede Menge Geräusche versteckt sind? Die hören wir aber nur, wenn wir uns selber ganz ruhig verhalten. Horcht mal in euch hinein. Steckt mal die Finger in die Ohrlöcher. Rauscht es? Hört ihr euer Herz pochen? Manchmal, wenn ihr viel trinkt, könnt ihr auch euren Magen blubbern hören. Oder wenn ihr Hunger habt, dann knurrt euer Magen. Wir probieren jetzt mal aus, welche Töne und Geräusche wir mit Hilfe des Körpers machen können.«

Aufgaben der Kinder
1. Klatscht, indem ihre eure Hände flach und ganz aufeinander schlagt.
2. Klatscht noch einmal, indem ihr die Hände hohl macht und sie über Kreuz aufeinander schlagt.
3. Welches Händeklatschen ist lauter?
4. Stampft mit den Füßen.
5. Patscht auf die Schenkel.
6. Könnt ihr mit den Fingern schnipsen?
7. Holt tief Luft, blast eure Backen auf und macht einen »Pups«-Ton, indem ihr die Luft mit zwei Fingern aus den Backen herausdrückt.
8. Findet heraus, welches Geräusch euch am besten gefällt.

Weiterer Spielverlauf
Haben die Kinder ihren Körper als Klangquelle erlebt, dann können Sie gemeinsam mit ihnen den folgenden Sprechvers mit Körpergeräuschen umsetzen:
»Potz-blitz, der Spitz, sitzt neben Fritz. Da blitzt es über Fritz und Spitz. Fritz, der sitzt und schwitzt. Spitz Potz-blitz, der flitzt. So geht der Witz von Fritz und Spitz.«
Teilen sie jeder Silbe ein beliebiges Körpergeräusch – klatschen, schnipsen, patschen stampfen – zu. Dann sprechen die Kinder den Text in Verbindung mit den zugeordneten Körpergeräuschen. Lassen Sie die Kinder den geräuschvollen Vers auf Kassette aufnehmen.

Hintergrundwissen
Töne werden durch Vibrationen erzeugt, die von der Luft oder einem anderen Medium weitergeleitet werden. Das Trommelfell vibriert, wenn es Schallwellen empfängt, und übermittelt Impulse an das Gehirn, die als Töne, Geräusche usw. interpretiert werden.

Die Welt spüren

Wir erforschen Geräusche

Ziele und Bedeutung
- Mit Material experimentieren
- Auditive Wahrnehmung schulen
- Verschiedene Tonhöhen wahrnehmen
- Laut und leise erkennen

Ob Materialien laute oder leise Geräusche machen, ob sie hoch oder tief klingen, sieht man ihnen nicht an. Man muss sie schon in die Hand nehmen und bewegen, dass man eine Geräuschquelle hat, die etwas über die Beschaffenheit des Materials preisgibt.

Vorbereitung
Besorgen Sie sich im Fotohandel leere Filmdosen. Stellen Sie das Material in der Abfolge bereit, in der die Kinder experimentieren.

Gruppe: bis zu sechs Kinder
Material: Zeitungspapier, Kartons, unterschiedlich dicke Gummibänder, ein Topfdeckel, ein Kochlöffel, zwei kleinere Plastikdosen (z. B. Frühstücksdosen), eine Trommel, fünf Filmdöschen, eine Hand voll Erbsen oder Maiskörner

Einstimmung
Erzählen Sie den Kindern eine Geschichte von einem Zwerg aus der Familie der Geräuschzwerge. Diese Zwerge sammeln alles Mögliche, was sie finden, und erforschen dann alle Geräusche, die sie mit den gefundenen Dingen erzeugen können. Beim Zwerg Ihrer Geschichte haben Sie auch das Material für das folgende Spiel ausgeliehen.

Aufgaben der Kinder
1. Fasst ein Zeitungsblatt rechts und links an der oberen Kante und schwingt es hin und her. Was für ein Geräusch hört ihr?
2. Zerreißt die Zeitung in vier Stücke und zerknüllt sie.
3. Spannt einige Gummibänder über einen offenen Karton und zupft sie an.
4. Schlagt mal laut und mal leise auf einen Topfdeckel.
5. Füllt die Korken in eine Plastikdose und schüttelt sie.
6. Füllt die Holzperlen in eine Plastikdose und schüttelt sie.
7. Macht auf der Trommel laute und leise Geräusche.
8. Welches aller Geräusche ist am lautesten, welches am leisesten?

Weiterer Spielverlauf
Finden Sie gemeinsam mit den Kindern die nötigen Worte, um die gehörten Geräusche zu beschreiben. Geben Sie den Kindern die fünf bereitgestellten Filmdöschen und bitten Sie sie, in jede Dose ein andere Anzahl von Erbsen zu füllen: eine, drei, fünf, sieben, neun. Dann verschließen die Kinder die Döschen und versuchen, die Anzahl der Erbsen am Klang zu erkennen.

Hintergrundwissen
Wenn ein Gegenstand schwingt, hört man ein Geräusch. Weil die Gegenstände unterschiedlich schnell schwingen, gibt es unterschiedliche Tonhöhen. Ein schnell schwingender Gegenstand erzeugt einen hohen Ton. Schwingt ein Gegenstand langsam, hört man einen tiefen Ton.
Die Anzahl der Schwingungen pro Minute nennt man Frequenz. Die Frequenz wird in der Einheit Hertz gemessen: Ein Gegenstand, der 20 Schwingungen pro Sekunde macht, hat die Frequenz 20 Hertz. Die menschliche Singstimme reicht etwa von 70 bis 200 Hertz.

Schall spüren und sehen

Ziele und Bedeutung
- Konzentriert beobachten
- Visuelle Wahrnehmung üben
- Akustisches Phänomen erleben

Ob eine Tür quietscht, eine Heuschrecke zirpt oder jemand spricht – alles, was wir hören können, ist Schall. Geräusche um uns herum gelangen als Schallwellen zu unserem Ohr. Immer wenn wir etwas hören, bewegt sich etwas hin und her. Schall wird durch Vibration und Schwingungen erzeugt. Alle Gegenstände, die schnell genug schwingen können, sind Schallquellen. In den folgenden Versuchen wird Schall sicht- und spürbar.

Vorbereitung
Sie bespannen eine Schüssel mit Alufolie.

Gruppe: bis zu sechs Kinder
Material: eine Schüssel, Alufolie, ein Schälchen Reiskörner, ein Kassettenrecorder (oder ein Radiogerät), ein Kochtopf, ein Kochlöffel, ein Weinglas, fünf Saftflaschen aus Glas (mit einem breiten Flaschenhals), ein Metalllöffel

Einstimmung
Erzählen Sie den Kindern, dass Töne und Geräusche immer mit einer schwingenden Bewegung verbunden sind. Wie Schall entsteht, können Kinder gut erkennen, wenn Sie folgendes Experiment zeigen: Halten Sie ein Lineal so auf dem Tisch fest, dass es ein Stück weit über die Tischkante ragt. Dann drücken Sie das Lineal nach unten und lassen los. Fragen Sie die Kinder: »Merkt ihr, wann etwas zu hören ist?« Wenn das Lineal zu schwingen beginnt, erzeugt es einen Ton, einen Schall, besser gesagt Schallwellen. Erzählen Sie den Kindern, dass man das an den eigenen Stimmbändern spüren kann.

Aufgaben der Kinder
1. Greift euch an den Hals. Sprecht oder summt etwas. Was spürt ihr? (Es zittert etwas.)
2. Legt einige Reiskörner auf die Alufolie. Dann schlagt ihr direkt vor der Schüssel mit dem Kochlöffel auf den Kochtopf. Was seht ihr?
3. Stellt den Kassettenrecorder auch direkt vor die Schüssel und lasst ihn ganz laut spielen. Was passiert?

Weiterer Spielverlauf
Folgende Versuche können Sie anschließen:
Reiben Sie mit einem feuchten Finger über den Rand eines Weinglases, bis Sie es zum Schwingen bekommen und ein Ton erzeugt wird. Die Kinder können einige Saftflaschen aus Glas unterschiedlich mit Wasser füllen, nach der Wassermenge sortieren und mit einem Löffel gegen die Flaschen schlagen. Hier schwingt nicht das Glas, sondern die Luftsäule in der Flasche. Sie werden selbst entdecken, dass die unterschiedlich hohen Töne damit zusammenhängen, wie viel Wasser sie in die Flasche gefüllt haben.

Hintergrundwissen
Berichten Sie den Kindern, dass das, was sie fühlen, die Stimmbänder sind, die hin- und herschwingen und die, zusammen mit dem Mund- und Nasenraum, dafür sorgen, dass unsere Sprache zu hören ist.
Durch die Ausbreitung von Schallwellen werden Schwingungen in der Luft erzeugt. Die Bewegung überträgt sich auf die Schüssel und die Folie und schließlich auf die Reiskörner.

Die Welt spüren

Alles im Gleichgewicht

Ziele und Bedeutung
- Körperbalance üben
- Gleichgewichtsempfinden sensibilisieren
- Schwerkraft und Masse erleben

Mit diesen Experimenten werden Kinder angeregt, Balance zu üben und Möglichkeiten zu entdecken, Gegenstände ins Gleichgewicht zu bringen.

Vorbereitung
Einen passenden Kleiderbügel besorgen, in dessen rechts und links eingegossene Haken je ein Sandeimerchen gehängt werden kann.

Gruppe: *bis zu acht Kinder*
Material: *eine schmale Bank (im Freien ein Mäuerchen), ein Besenstiel, mehrere Kissen, ein rundes Plastiktablett, drei Plastiktassen, zwei Eimerchen, ein Kleiderbügel*

Einstimmung
Fordern Sie die Kinder auf, auf einem Bein zu stehen. Dann bringen Sie die weiteren Gleichgewichtsaufgaben ins Spiel:

Aufgaben der Kinder
1. Könnt ihr über die Bank balancieren?
2. Was passiert, wenn ihr dabei einen Besenstiel tragt?
3. Könnt ihr ein Kissen auf dem Kopf balancieren?
4. Stellt eine Plastiktasse seitlich auf das Tablett und haltet es im Gleichgewicht.
5. Versucht es mit zwei Tassen. Wo muss man halten?
6. Wie ist es, wenn man eine dritte Tasse dazustellt?

Weiterer Spielverlauf
Bauen Sie mit den Kindern eine Eimerwaage (siehe oben). Dann können die Kinder Spielsachen hineinlegen und beobachten, was passiert, wenn sie die Eimerwaage anheben. Mit einer kleinen Tischwippe aus einem Holzlineal und einem Bauklotz können die Kinder selbstständig vieles über das Gleichgewicht entdecken und lernen. Basteln Sie mit den Kindern einen Seiltänzer aus Pappe. Die Kinder versuchen, ihn auf einem Seil tanzen zu lassen, indem sie ein paar Kügelchen Knete an der Figur befestigen. Dabei müssen sie herausfinden, wo (unterhalb seines Gleichgewichtspunktes) man sie anbringen muss, damit der Seiltänzer nicht herunterfällt.

Hintergrundwissen
Um etwas im Gleichgewicht zu halten, verlagert man die Kräfte und legt so den Gleichgewichtspunkt tiefer. Die Masse eines Körpers unterliegt der Schwerkraft, die ihn zum Erdmittelpunkt zieht. Um das Gleichgewicht zu halten, müssen die Kinder ihren Körper so ausrichten, dass ihr Schwerpunkt sich direkt oberhalb des Punktes befindet, auf dem sie balancieren. Verschiebt man das Kissen, bis es seinen Gleichgewichtspunkt gefunden hat, fällt es nicht herunter. Als Masse wird die Materialmenge eines Gegenstandes bezeichnet.

Die Welt spüren

Ist Luft zu spüren?

Ziele und Bedeutung
- Eigenständig Materie erforschen
- Ursache und Wirkung in Zusammenhang bringen
- Schlussfolgerungen ziehen

Ohne Luft könnten wir nicht leben. Weil die Luft uns aber ständig umgibt, nehmen wir sie gar nicht bewusst wahr. In diesen Experimenten erleben die Kinder, dass man die unsichtbare Luft sehr wohl spüren kann. Kinder müssen das Element Luft, das sie nicht sehen, schmecken oder riechen können, erleben, indem sie es sinnlich fühlen. An sonnigen Tagen spüren sie die warme Luft auf ihrer Haut, im Winter ist sie meist kalt. Mit Experimenten entdecken Kinder die Luft und werden dazu angeregt, ihre Beschaffenheit zu erforschen.

Vorbereitung
Die benötigten Materialien liegen auf dem Tisch, die Kindergruppe sitzt darum herum.

Gruppe: *bis zu acht Kinder*
Material: *eine oder mehrere Luftpumpen, für jedes Kind eine Papiertüte, eine Plastikflasche mit Deckel, ein Luftballon*

Einstimmung
Machen Sie die Kinder neugierig, um sie zur Konzentration anzuregen und für die Experimente zu motivieren. Schauen Sie einfach in die Luft und fragen Sie sich, ob man Luft eigentlich sehen kann. Wenn die Kinder dies verneinen, dann sagen Sie, dass Sie deswegen einige Dinge vorbereitet haben, die zeigen, dass man Luft fühlen und spüren kann, wenn sie schon unsichtbar ist.

Aufgaben der Kinder
1. Was spürt ihr beim Winken?
2. Was passiert, wenn ihr mit einer Papiertüte über der Hand winkt?
3. Was geschieht, wenn ihr die mit Luft gefüllte Plastikflasche zusammendrückt? Wie ist es, wenn die Flasche offen ist?
4. Blast den Luftballon auf. Wie hört sich Luft an, die aus einem Luftballon entweicht? An welcher Stelle eures Körpers spürt ihr es am deutlichsten?

Weiterer Spielverlauf
Fassen Sie zusammen, dass man mit einer Tüte über der Hand den Luftwiderstand spürt, da man eine größere Oberfläche hat. Wenn man die geschlossene Plastikflasche zusammendrückt, merkt man, dass sich die Luft zusammenpressen lässt. Wenn man eine offene Plastikflasche zusammendrückt und die Flasche dann wieder loslässt, nimmt sie wieder ihre alte Form an. Der Luftdruck saugt die Luft in die Flasche zurück, wenn man nicht mehr drückt. Lassen Sie die Kinder mit einer Luftpumpe und Windspielzeug weiter experimentieren.

Hintergrundwissen
Luft ist keine einheitliche Substanz. Luft ist eine Mischung von verschiedenen Gasen. Mehr als zwei Drittel sind Stickstoff, der Rest ist Sauerstoff. Ohne Sauerstoff könnten wir nicht leben. Wir nehmen ihn mit unserer Atmung auf. Ohne Sauerstoff könnte auch nichts verbrennen, kein Holz, keine Kohle, kein Heizöl.

Die Welt spüren

Wir sehen Licht

Ziele und Bedeutung
- Sehkraft des Auges bewusst machen
- Licht und Dunkelheit erforschen
- Unterschiedliche Lichtquellen kennen lernen

Jeden Morgen, wenn die Kinder aufwachen und die Augen öffnen, sehen sie Sonnenlicht – auch wenn die Sonne sich hinter den Wolken versteckt. Dass Licht die Voraussetzung zum Sehen ist, wird in verschiedenen Aktivitäten erfahrbar und bewusst gemacht.

Vorbereitung
Sorgen Sie dafür, dass genügend unterschiedliche Beispiele für Lichtquellen vorhanden sind.

Gruppe: bis zu acht Kinder
Material: eine Kerze, Glühbirnen, eine Energiesparlampe, Streichhölzer, Neonröhren, die Sonne (!), Utensilien zum Höhlenbauen
Für die Experimentierkiste: Dinge aus Plastik, Metall, Glas, Stoff, Porzellan, Holz, Plastikfolie in diversen Farben, für jedes Kind eine Taschenlampe

Einstimmung
Die Kinder suchen sich einen Partner. Fordern Sie die Kinder auf, zu erforschen, welche Farben die Augen ihres Gegenübers haben. Fragen Sie die Kinder: »Welcher Teil des Auges ist bei allen gleich?« Das ist der schwarze Punkt in der Mitte der Augen, die Pupille. Lassen Sie die Kinder die Augen ihres Gegenübers erst im Halbdunkel beobachten, dann bei hellem Licht. Sie werden erkennen, dass sich die Pupille in der Dunkelheit öffnet, also größer ist als bei viel Licht. Durch die Pupille gelangt das Licht in unser Auge. Stimmen Sie die Kinder auf die Experimente ein, indem Sie ankündigen, dass sie ausprobieren werden, was wir brauchen, um sehen zu können.

Aufgaben der Kinder
1. Haltet euch die Augen zu. Seht ihr jetzt noch Farben oder ob eine Kerze oder eine Lampe brennt?
2. Sucht die Lichtquellen, die wir in unserer Einrichtung haben.
3. Baut euch eine Höhle. Wie wird es darin dunkel? Wie könnt ihr das Innere der Höhle beleuchten?
4. Wie funktioniert die Taschenlampe?
5. Haltet eine Taschenlampe ganz nah an verschiedene Sachen, die in der Experimentierkiste liegen. Welche lassen den Lichtstrahl durch, welche nicht?

Weiterer Spielverlauf
In der Abschlussrunde stellt jedes Kind die Lichtquelle vor, die es am liebsten mag, und zeichnet ein Bild davon.

Hintergrundwissen
Unsere Augen können nur Gegenstände wahrnehmen, auf die Licht trifft. Zum Sehen brauchen wir Lichtquellen, die Licht aussenden: das Licht der Sonne oder das Licht von Glühlampen, von Kerzen oder einem Feuer. Am Beispiel einer Taschenlampe können die Kinder herausfinden, dass Licht eine Energiequelle benötigt, in diesem Fall die Batterien.
Sonnenlicht kann man an einem sonnigen Tag sehen, wenn es durch das Fenster fällt. Staub fängt das Licht auf und macht die Sonnenstrahlen für die Augen sichtbar. Manche Gegenstände lassen kein Licht durch, sie sind undurchsichtig. Andere wie z. B. Glas sind durchsichtig, d. h. sie lassen Licht durch.

Die Welt spüren

Spiegelbilder

Ziele und Bedeutung
- Wahrnehmung fördern
- Lichtreflexion entdecken
- Gespiegelte Abbildungen wahrnehmen

Spiegelbilder regen Kinder zur Selbstwahrnehmung und zum Spiel mit Mimik und Gestik an. Mit ihrer Hilfe lassen sich kreative Gestaltungsimpulse setzen.

Erklären Sie Kindern auch, wie Spiegel praktisch genutzt werden, z. B. als Rückspiegel am Auto oder Mundspiegel beim Zahnarzt.

Vorbereitung
Überprüfen Sie, ob genügend glänzende Gegenstände vorhanden sind: z. B. Fahrradklingeln, Salatsiebe, Wecker, Kerzenständer, Weihnachtskugeln.

Gruppe: bis zu acht Kinder
Material: unterschiedliche Spiegel (Taschenspiegel, ein großer Spiegel, Spiegelkacheln, Spiegelfolie), für jedes Kind einen möglichst glänzenden Löffel, Buntstifte, Zeichenpapier, weißes transparentes Zeichenpapier (oder Butterbrotpapier)

Einstimmung
Fordern Sie die Kinder auf, Dinge zu suchen, die glänzen. »Was seht ihr, wenn ihr hineinschaut?« Diese Frage werden die Kinder leicht beantworten können.
Leiten Sie dazu über, dass Spiegel interessante Sachen können, die jetzt jeder ausprobieren und erforschen kann.

Aufgaben der Kinder
1. Betrachtet euch im Spiegel. Könnt ihr euch vor dem Spiegel an die Nase fassen?
2. Betrachtet euer Spiegelbild auf der nach innen gewölbten Vorderseite und auf der nach außen gewölbten Rückseite eines Löffels. Gibt es einen Unterschied?
3. Macht mit Hilfe eines Spiegels aus halben Sachen ganze Sachen: zeichnet einen Flügel eines Schmetterlings auf ein Papier. Stellt den Spiegel so auf das Papier, dass der Schmetterling zwei Flügel hat.
4. Schreibt euren Namen auf transparentes Papier. Legt ihn verkehrt herum vor den Spiegel. Was passiert?

Weiterer Spielverlauf
Regen Sie die Kinder an, »versteckte Spiegel« zu entdecken: Glasscheiben, lackierte Oberflächen (Autos), Wasseroberflächen.

Hintergrundwissen
Wenn Licht auf eine glänzende Fläche fällt, wird es zurückgeworfen, d. h. reflektiert. Wir sehen unser Spiegelbild im Spiegel so perfekt, weil ein Spiegel Lichtstrahlen sauber zurückwirft, ohne sie durcheinander zu bringen. Er besteht aus einer hauchdünnen Silberschicht hinter einer Glasscheibe. Silber glänzt besonders hell und reflektiert deswegen Licht besonders gut. Ein flacher Spiegel wirft das Bild in derselben Größe zurück, jedoch seitenverkehrt. Dabei vertauscht er keineswegs die Seiten, er verändert nur die Richtung der Lichtstrahlen: Liefen sie zuvor auf den Spiegel zu, so strahlen sie danach von ihm weg. Die Folge ist, dass man sich selbst so sieht, wie einen sonst die anderen sehen. Gewölbte Spiegelflächen reflektieren das Licht anders als flache: auf der Innenseite des Löffels steht das Spiegelbild auf dem Kopf.

Die Welt spüren

Zauberspiegelkabinett

Ziele und Bedeutung
- Mehrfache Spiegelbilder schaffen
- Optische Illusion erleben
- Kreativ gestalten mit Hilfe optischer Materialien

Mit diesen Versuchen erleben Kinder, wie sie rätselhafte Spiegelgebilde erzeugen können. Sie erleben, dass das, was sie sehen, durch geschickte Täuschung entsteht, genießen aber gleichzeitig die vorgespiegelten Tatsachen, die enormes Potenzial für den kindlichen Spieltrieb besitzen.

Vorbereitung
Sie benötigen einen großen Spiegel und einen kleineren Handspiegel oder eine Spiegelkachel. Besorgen sie Spiegelkacheln oder Spiegelfolie zur Herstellung der Winkelspiegel.

Gruppe: bis zu sechs Kinder
Material: für jedes Kind eine Spielfigur, zwei Spiegelkacheln, Klebeband, eine Schere

Einstimmung
Erproben Sie mit den Kindern, wie sie sich durch geschicktes Halten oder Stellen zweier Spiegel von hinten anschauen können – so wie beim Friseur. Dann erzählen Sie von dem König, der immer mehr schöne Dinge sehen wollte, als er wirklich hatte. Niemand wusste Rat für diesen merkwürdigen Wunsch, bis eines Tages ein berühmter Erfinder durch das Königreich reiste. Der baute dem König einen ganz besonderen Spiegel, den wir jetzt auch bauen.

Aufgaben der Kinder
1. Jeder klebt zwei Spiegelkacheln oder Spiegelfolie entlang einer Kante mit Klebstreifen zu einem Doppelspiegel zusammen, sodass sich die Spiegelfläche innen befindet.
2. Stellt eine Spielfigur auf den Tisch und dahinter den Doppelspiegel.
3. Klappt beide Spiegel gleichzeitig langsam wie ein Buch zusammen. Was passiert?
4. Sucht etwas, das euch gefällt, und stellt es zwischen die Spiegel.
5. Legt verschiedene Muster zwischen die Spiegel.

Weiterer Spielverlauf
In der Abschlussrunde machen wir mit dem Doppelspiegel eine Blumenausstellung. Dazu legen Sie eine weiße Tischdecke auf den Tisch und die Kinder legen Blütenblätter zwischen ihre Doppelspiegel. Dann stellen sie den Spiegel so im Winkel auf, dass ihre Blume, je nach Wunschvorstellung, drei, fünf oder sechs Blütenblätter zeigt.

Hintergrundwissen
Je enger die Spiegel zusammengeschoben werden, desto mehr Spielfiguren tauchen auf. Schließlich ist der Winkel so eng, dass keine Figur mehr hineinpasst und man auch nicht mehr hineinsehen kann.
Die Spiegelflächen eines Kaleidoskops stoßen in einem Winkel von 60° zusammen. Dazu kleben Sie drei Spiegelkacheln mit der Spiegelseite nach innen zusammen. Lassen Sie die Kinder dieses »Einfachst-Kaleidoskop« über bunte Bilder oder Muster (z. B. von Geschenkpapier) schieben. So können sie die Formen beobachten, die sich im Winkel dieser Spiegel ergeben.
Günstige Bausätze, mit denen sich bereits Kindergartenkinder ein funktionstüchtiges, drehbares Kaleidoskop selber bauen können, finden Sie unter www.kaleidoskop.de.

Die Welt spüren

Den Regenbogenkreisel verzaubern

Ziele und Bedeutung
- Werkschaffend tätig sein
- Optische Täuschung erleben
- Regenbogenfarben kennen lernen

Es grenzt an Zauberei: Ein mit den Farben des Regenbogens bemalter Kreisel wird weiß, wenn er rotiert. Die Kinder erleben, dass ihre Augen sie täuschen. Denn sie reagieren nicht schnell genug, die Farben des wirbelnden Kreisels aufzulösen. Stattdessen vermengen sie sich optisch zu Mischfarben.

Vorbereitung
Zeichnen Sie für jedes Kind einen Kreis mit 10 cm Durchmesser auf stabile Pappe und teilen Sie ihn in 6 gleich große Segmente auf. Bemalen Sie einen Kreisel als Beispiel in den angegebenen Farben. Bereiten Sie die Kreiselachsen vor: Von einem Rundholz mit 1 cm Durchmesser sägen Sie für jedes Kind ein 12 cm langes Stück ab. Wenn Sie als Kreiselspitze einen Polsternagel in das Rundholz schlagen, wird der Kreisel länger tanzen, da seine Reibung auf der Unterlage geringer ist. Auch ein Buntstift funktioniert als Kreiselachse. Diese sollte etwa zu 2/3 über der Scheibe und zu 1/3 darunter hervorgucken.

Gruppe: *bis zu acht Kinder*
Material: *Pappe, ein Zirkel, Filzstifte in hellen klaren Farbtönen (Violett, Hellblau, Grün, Gelb, Orange, Rot), ein Rundholz mit 1 cm Durchmesser (oder ein Buntstift), für jedes Kind eine Schere*

Einstimmung
Erzählen Sie den Kindern, dass es eine Fee gibt, die sich besonders gut mit Regenbogen auskennt. Nicht nur, dass sie immer weiß, wann es einen Regenbogen gibt, nein, sie hat auch alle Regenbogenfarben zu Hause und probiert damit immer alles Mögliche aus. Irgendwann einmal hat sie alle Regenbogenfarben auf eine Pappscheibe aufgezeichnet und als der Wind ihr die vom Tisch wirbelte, hat sie etwas wirklich sehr Merkwürdiges entdeckt …

Aufgaben der Kinder
1. Schneidet eure Kreiselscheibe aus.
2. Malt sie in den Regenbogenfarben an.
3. Dann kommt zu mir, damit ich dem Kreisel eine Achse zum Drehen einbauen kann.
4. Probiert euren Kreisel aus. Was seht ihr?

Weiterer Spielverlauf
Sie setzen sich mit den Kindern um einen Tisch und verzaubern gemeinsam die Farben mit einem Zauberspruch: »Hokuspokus Speck, wir wirbeln alle Farben weg.« Fragen Sie die Kinder nach ihrer Vermutung, warum ihr Regenbogenkreisel weiß bzw. hellgrau wird, wenn sie ihn zum Tanzen bringen.

Hintergrundwissen
Die Farben der Kreiselscheibe entsprechen den Spektralfarben, aus denen sich das Sonnenlicht zusammensetzt. Beim Drehen nehmen unsere Augen die einzelnen Farben einen Moment wahr. Da die Augen jedoch zu träge sind, um die schnell wechselnden Farbeindrücke zu unterscheiden, teilen sich diese dem Hirn als helle Fläche mit. Weißes Licht wiederum ist eine Mischung aus den verschiedenen Regenbogenfarben.

Die Welt spüren

Thaumatrop

Ziele und Bedeutung
- Optisches Spielzeug nutzen
- Ursache und Wirkung erforschen
- Feinmotorik üben

Das Thaumatrop, das auch Wunderscheibe genannt wird, lässt die Kinder erleben, wie zwei Bilder zu einem dritten verschmelzen.

Vorbereitung
Kopieren Sie das Thaumatrop auf mittelstarken Karton und stellen Sie ein Demonstrationsmodell her.

Erproben Sie das Modell, indem Sie die Gummibänder leicht anspannen und das Ganze zwischen Daumen und Zeigefinger schnell hin und her zwirbeln.

Gruppe: bis zu acht Kinder
Material: für jedes Kind eine Kopie, eine Schere und zwei Gummibänder; Klebstoff und eine Ahle

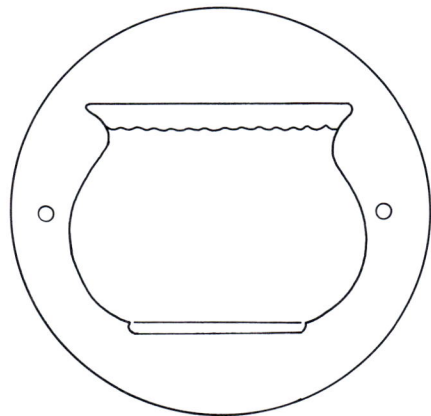
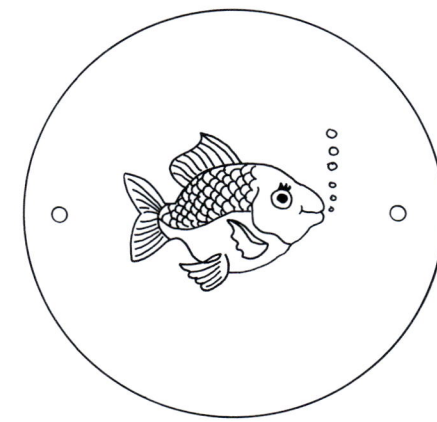

Einstimmung
Fragen Sie die Kinder, ob sie eine Idee haben, wie man aus zwei Bildern eines machen kann. Sammeln Sie die Ideen der Kinder. Zeigen Sie ihnen die kopierte Abbildung und fragen Sie sie, wie nun wohl der Fisch in das Glas kommen könnte. Zuletzt zeigen Sie ihnen eine bereits fertig gestellte Wunderscheibe und ihre Funktion.

Aufgaben der Kinder
1. Schneidet die zwei Teile der Wunderscheibe aus und klebt sie zusammen, sodass das Fischglas auf dem Kopf steht.
2. Piekst mit der Ahle auf beiden Seiten ein kleines Loch in die Punkte.
3. Befestigt in jedem Loch ein Gummiband.
4. Bringt den Fisch ins Glas.

Weiterer Spielverlauf
Die Kinder erklären ihre Vorstellungen, wie es kommt, dass das Auge zwei Bilder zu einem einzigen Bild verschmelzen lässt.

Hintergrundwissen
Bei der Wunderscheibe prägen sich die Bildeindrücke (Lichtreize) auf der Netzhaut ein. Die Eindrücke bleiben dort als Nachbilder erhalten und wirken einen kurzen Sekundenbruchteil nach. Wir sehen mit Unterbrechung zwar zwei verschiedene Bilder, die jedoch beim raschen Herumwirbeln der Scheibe zu einem (dritten) Gesamtbild verschmelzen. Mit anderen Worten: Die Wunderscheibe dreht sich schneller, als wir sehen können. Diese optische Erscheinung des Nachbildes, die so genannte Nachbildwirkung, ist eine der wichtigsten Erkenntnisse, die Ende des 19. Jahrhunderts zur Entdeckung des Films beitrug.

Sich in der Welt verständigen

Dosentelefon und Löffelglocke

Ziele und Bedeutung
- Raumorientierung entwickeln
- Material erproben, das Schall weiterleitet
- Kommunikation erleben

Für Kinder wird in der Vielfalt akustischer Spielereien die Welt des Schalls erfahrbar. Sie wissen bald, dass uns in einer Welt ohne Schall vieles entgehen würde: Wir könnten niemanden sprechen hören, kein Vogel würde für uns singen und keine Geräusche würden uns warnen. Neben der physikalischen Entdeckung kommt in diesen Experimenten immer auch das sinnliche Hören zum Zug.

Vorbereitung
Dosentelefon: Schlagen Sie in die Mitte der Dosen mit Hammer und Nagel ein kleines Loch. Versehen Sie die Kanten der Dosen mit Isolierband.

Löffelglocke: Binden Sie den Löffel etwa auf halber Länge an den Bindfaden fest.

Gruppe: bis zu acht Kinder
Material: ein Hammer, ein Nagel, Isolierband, acht leere Konservendosen, 4 x 15 m Schnur, vier Löffel aus Metall, 4 x 1,5 m dünne Schnur (oder starker Bindfaden), vier Bleistifte

Einstimmung
Berichten Sie den Kindern, dass Sie heute ein Experiment vorbereitet haben, bei dem die Geräusche an der Schnur entlangwandern werden. Zeigen Sie ihnen die Dosen und bauen Sie sie gemeinsam mit den Kindern zum Telefon zusammen: Nehmen Sie jeweils zwei der präparierten Dosen und eine Schnur. Stecken Sie durch jedes Loch ein Ende der Schnur und verknoten Sie es im Inneren der Dose.

Aufgaben der Kinder
1. Geht zu zweit zusammen und nehmt euch jeweils ein Dosentelefon.
2. Sucht euch einen Platz, an dem ihr euch so weit auseinander entfernt hinstellen könnt, dass die Schnur gespannt ist.
3. Einer spricht in die Öffnung seiner Dose, während der andere die Öffnung seiner Dose an sein Ohr hält. Was passiert? Wie bewegt sich der Schall von einer Dose zur anderen?

Weiterer Spielverlauf
Zeigen Sie den Kindern noch das Experiment mit der Löffelglocke: Dazu wickelt sich ein Kind die beiden Fadenenden der vorbereiteten Löffelglocke mehrmals um den Zeigefinger und hält sich die Fingerspitzen in die Ohren. Der Faden muss frei hängen. Nun schlägt der Partner mit dem Bleistift gegen den Löffel.

Hintergrundwissen
Spricht man in die Dose, wird der Dosenboden in Schwingung versetzt. Die Schwingungen verlaufen in der Schnur bis zum anderen Dosenboden. Dort werden sie wieder in Luftschwingungen zurückverwandelt, die das Ohr erreichen. Prinzipiell arbeitet ein richtiges Telefon auch nicht anders, nur wird der Schall in elektrische Schwingungen umgewandelt, die über Draht oder Funk durch die Welt geschickt werden können.
Löffelglocke: Durch den Anschlag vibriert das Metall wie eine Stimmgabel. Die Schwingungen werden hier über den Faden direkt zum Trommelfell übertragen. Schall breitet sich nicht nur in der Luft, sondern in allen festen, flüssigen und gasförmigen Stoffen aus.

Sich in der Welt verständigen

Schwimmer oder Nichtschwimmer?

Ziele und Bedeutung
- Ergebnisse dokumentieren
- Die Dichte von Materialien erforschen
- Das Element Wasser erforschen
- Mathematische Zeichen kennen lernen

Dem Element Wasser sind Kinder besonders intensiv verbunden: Es lässt sich wunderbar erkunden und zum Spielen und Spaß haben verwenden. Warum manche Dinge untergehen und andere nicht, ist ein reizvolles Spiel.

Vorbereitung
Stellen Sie eine »Sink- und Schwimmkiste« zusammen und legen Sie ein rotes und eine blaues Tuch bereit.

Gruppe: bis zu acht Kinder
Material: Dinge, um das Schwimmen und Sinken zu erproben (Stück Holz, Zahnputzbecher, Badeente, Zahnbürste, kleine Plastikschüssel, Stein, Nussschale, Styropor, Werkzeug aus Metall, Eisenschraube, Apfel, Kartoffel, Tennisball, Knetkugel, Murmel), ein großer, mit Wasser gefüllter Plastikbehälter

Einstimmung
Sie sitzen mit den Kindern im Kreis, in der Mitte liegt die vorgerichtete »Sink- und Schwimmkiste«. Lassen Sie die Kinder im Voraus raten, welche Dinge schwimmen werden, und sortieren Sie sie gemeinsam in die Gruppen der »Schwimmer« und »Nichtschwimmer« ein. Halten Sie die Vermutungen der Kinder schriftlich fest. Schreiben Sie mit dickem Filzstift ein Plus- und ein Minuszeichen auf je ein Kärtchen und erklären Sie den Kindern die Bedeutung im Zusammenhang mit dem Experiment. Fragen Sie sie, ob und woher sie diese Zeichen kennen.

Aufgaben der Kinder
1. Reihum legt jeder nacheinander einen Gegenstand in die Schüssel und alle beobachten, was passiert.
2. Wenn der Gegenstand schwimmt, legt ihr ihn auf das rote Tuch mit dem Pluszeichen, wenn er nicht schwimmt auf das blaue Tuch mit dem Minuszeichen.

Weiterer Spielverlauf
Die Kinder zeichnen eine Liste der Objekte aus dem Schwimm- und Sinkversuch und halten das Ergebnis mit Plus- und Minuszeichen fest. Sie führen den Versuch mit selbst ausgesuchten Materialien weiter. Fragen Sie die Kinder, wie sie es schaffen könnten, dass die schwimmende Plastikschüssel doch sinkt. (Murmeln oder Steinchen einfüllen.)

Hintergrundwissen
Wasser besteht aus vielen kleinen Teilchen, den Molekülen. Sie können leichte Sachen tragen. Sind die Dinge so schwer, dass die Wasserteilchen sie nicht mehr tragen können, dann sinken sie. Feste Körper werden durch die Schwerkraft nach unten gezogen. Der im Wasser herrschende Auftrieb bewirkt jedoch, dass manche Gegenstände schwimmen. Ist die Schwerkraft größer als der Auftrieb, sinkt der Gegenstand. Ein Stein geht also unter, da er, egal ob groß oder klein, immer schwerer ist als die Wassermenge, die er verdrängt. Ein riesiger Ozeandampfer dagegen schwimmt, da die Kraft, die ihn nach oben drückt, genauso groß ist wie das Gewicht der Wassermenge, die er verdrängt.

Sich in der Welt verständigen

Wo ist Luft?

Ziele und Bedeutung
- Exakte Beobachtungen machen
- Beobachtungen formulieren
- Existenz der Luft begreifen

Hier werden die Kinder begreifen, dass Luft nicht ein Nichts ist, sondern dass Luft als Material vorhanden ist und Raum einnimmt. Sie begreifen also, dass Luft existiert, obwohl sie nicht zu sehen ist. Die Frage, wo sich Luft befindet, werden sie durch ihre Aktionen beantworten können. Luft kann man in Tüten blasen, sie kann in Form von Luftblasen aus einem Körper entweichen, wenn dieser ins Wasser gelegt wird, und man kann sie mit Seifenblasen einfangen.

Vorbereitung
Stellen Sie alle Versuchsmaterialien auf einem Tisch bereit.

*Gruppe: bis zu sechs Kinder
Material: ein Glas Wasser, mehrere Trinkhalme, mehrere Papiertüten, eine große durchsichtige Schüssel (zu zwei Dritteln mit Wasser gefüllt), eine leere offene kleinere Flasche, ein Stück Ziegelstein, Seifenblasen*

Einstimmung
Sie sitzen mit den Kindern an einem leeren Tisch zusammen – damit die Übersichtlichkeit beim Experimentieren gewährleistet ist. Die Kinder sollen sich dann die benötigten Materialien nacheinander vom Materialtisch holen und wieder zurückstellen. Erzählen Sie die Geschichte vom Luftikus: »Ein kleines Mädchen saß an einem Tisch und wollte gerade mit einem Strohhalm seine Limonade trinken. Da hörte es plötzlich aus dem Strohhalm eine Stimme, die sprach: 'Hallo, ich bin die Luft und heiße Luftikus. Du brauchst meine Luft, obwohl du sie nicht sehen kannst. Aber trotzdem kannst du herausfinden, wo ich mich versteckt habe.' Das finden wir jetzt für uns selbst auch heraus, mit den Dingen, die ich auf dem Materialtisch für euch gerichtet habe.«

Aufgaben der Kinder
1. Was seht ihr, wenn einer von euch durch einen Strohhalm in das mit Wasser gefüllte Glas bläst?
2. Ein Kind bläst die Papiertüte auf. Was befindet sich jetzt darin? Was geschieht, wenn man mit der Hand auf die Tüte schlägt?
3. Was geschieht, wenn ein Kind die offene Flasche in die mit Wasser gefüllte Schüssel taucht?
4. Berichtet, was ihr seht, wenn ihr das Stück Ziegelstein in die mit Wasser gefüllte Schüssel legt.

Weiterer Spielverlauf
Die Kinder probieren aus, ob man Luft mit Seifenblasen einfangen kann.

Hintergrundwissen
Alles Gegenständliche nimmt Raum ein. Auch Luft ist ein Gegenstand, der Raum einnimmt. Wenn wir in einen Luftballon Luft blasen, dehnt er sich aus, da die Luft im Ballon Platz einnimmt. Die ausgeatmete Luft besteht aus Gasteilchen. Beim Aufblasen breiten sich Gasteilchen gleichmäßig in alle Richtungen aus. Übrigens wird der Ballon auch schwerer, denn ein Liter Luft wiegt etwa 1,3 Gramm. Wenn wir mit einem Strohhalm ins Wasserglas pusten, bilden sich Luftblasen im Wasser. Die ausgeatmete Luft steigt nach oben und wird sichtbar.

Sich in der Welt verständigen

Aus nass wird trocken

Ziele und Bedeutung
- Verdunstung erleben
- Gedanken und Vermutungen formulieren
- Beobachtungsvermögen fördern

Wie Wasser verdunstet, erleben Kinder oft: z. B. wenn ihre regennassen Kleider oder ihre Wasserfarbengemälde trocknen. Dieser unsichtbare, recht abstrakte Prozess, bei dem sich Wasser in die Luft verflüchtigt, wird im folgenden Angebot anschaulicher gemacht.

Vorbereitung
Spannen Sie eine lange Wäscheleine im Raum auf.

Gruppe: bis zu acht Kinder
Material: 16 starke Papiertaschentücher (»Tempo« sind »durchschnupfsicher«), ein Zuber Wasser, 32 Wäscheklammern, eine Wäscheleine

Einstimmung
Sicher werden die Kinder interessiert nachfragen, warum Sie eine Leine durch den Raum gespannt haben. Zunächst besprechen Sie mit den Kindern, was sie mit ihrer Kleidung machen, wenn sie im Regen nass geworden sind. Erklären Sie ihnen, dass sie heute herausfinden können, wie etwas am besten wieder trocken werden kann. Lassen Sie jedes Kind zwei Papiertaschentücher und vier Wäscheklammern nehmen und erklären Sie, dass dies das Experimentiermaterial ist.

Aufgaben der Kinder
1. Taucht eure Taschentücher ins Wasser, sodass sie nass sind, aber nicht mehr tropfen.
2. Ein Tuch hängt ihr an zwei Ecken an die Leine.
3. Das andere Tuch faltet ihr in der Mitte und hängt es so über die Leine.
4. Nun überlegt euch, welches der beiden Tücher schneller trocken wird.
5. Beobachtet die Tücher immer wieder.

Weiterer Spielverlauf
Wenn das erste Tuch trocken ist, fragen Sie die Kinder, was nun eigentlich geschehen ist. Was ist der Grund dafür, dass das zusammengefaltete Tuch noch nass, das ungefaltete jedoch schon trocken ist? Wiederholen Sie mit den Kindern das Experiment einmal draußen an einem windigen Tag. Lassen Sie die Kinder auch mit anderen Materialien wie Stein, Holz oder Papier erleben, dass Wasser, abhängig vom Material und der Oberflächengröße, unterschiedlich schnell verdunstet.

Hintergrundwissen
Ganz genau müsste man sagen, dass bei der Verdunstung Wärmeenergie verbraucht wird. Sie wird dazu verwendet, die verdunsteten Wassermoleküle so zu beschleunigen, dass sie aus der Flüssigkeit in den Luftraum entweichen können. Deswegen kann man im Sommer einen Raum durch ans Fenster gehängte nasse Laken kühlen und befeuchten. Obwohl der Verdunstungsvorgang wenig spektakulär ist, wird er in den Kühltürmen der chemischen Industrie und in Kraftwerken in riesigem Maßstab genutzt.

Sich in der Welt verständigen

Wurzeln im Ei

Ziele und Bedeutung
- Wachstumsprozess erleben und beobachten
- Beobachtungen und Vermutungen formulieren
- Verantwortung für die Natur übernehmen

Pflanzensamen sind unentbehrliches Lernmaterial für Kinder. Nicht nur dass sie Kindern das Wunder des Wachsens vermitteln, sie machen ihnen auch bewusst, dass Erde, Wasser, Licht und Wärme die Grundvoraussetzungen zum Gedeihen der Pflanzenwelt sind.
Begleiten Kinder Wachstumsprozesse, werden ihre Fähigkeit zu beobachten und diese Beobachtungen zu formulieren ungemein angeregt.

Vorbereitung
Besprühen Sie die Ringelblumensamen mit Wasser und lassen Sie sie auf dem Teller eine Nacht quellen.

Gruppe: bis zu acht Kinder
Material: Ringelblumensamen, ein Teller, eine Wassersprühflasche, für jedes Kind eine leere Eierschale, ein Eierbecher, ein Esslöffel, ca. vier Esslöffel Pflanzenerde

Einstimmung
Fragen Sie die Kinder, aus welchen Teilen eine Pflanze besteht. Aus den Antworten werden Sie ersehen, ob den Kindern die Funktionen der Wurzeln klar sind. Erzählen Sie ihnen, dass die Wurzeln die Pflanze im Boden verankern. Die Wurzelhaare nehmen Wasser und die darin gelösten Nährsalze aus dem Boden auf. Von den Wurzelhaaren wandert das Wasser durch die Zellen nach oben in die Blätter. Erklären Sie den Kindern, dass sie die Samen nun in die »Blumentöpfchen« (Eierschalen) pflanzen werden. Stellen Sie sich selbst laut die Frage: »Was passiert wohl, wenn wir die Ringelblumensamen da reinpflanzen?«

Aufgaben der Kinder
1. Füllt die Eierschalenhälften mit Pflanzenerde und steckt die gequollenen Samen unter die Erde.
2. Setzt die Eierschalenhälften in Eierbecher und stellt diese auf eine sonnige Fensterbank.

Weiterer Spielverlauf
Die Kinder besprühen die Erde jeden Tag mit Wasser. Lassen Sie die Kinder das bepflanzte Ei auf ein Blatt Papier zeichnen und datieren. Nach vier bis fünf Tagen nehmen sie die Eierschalenhälfte aus dem Eierbecher und betrachten, was sich unten am Ei getan hat. Nun malen die Kinder ein zweites Bild. Wenn die Ringelblumensamen Wurzeln geschlagen haben, entwickeln sie auch bald ihre Blättchen. Dann erhält das Ei einen kleinen Bürzel und der begrünte Eierbecher kann den Ostertisch schmücken. Fordern Sie die Kinder im Laufe des Jahres auf, immer wieder Pflanzen auf ihre Wurzelbeschaffenheit zu untersuchen und diese mit einer Lupe zu betrachten. Sie werden entdecken, dass der Löwenzahn eine Pfahlwurzel hat, dass manche Wurzeln ganz zart sind, wie z. B. die der Lobelie, oder dass der Mais richtig kräftige Klauenwurzeln besitzt.

Hintergrundwissen
Auf der Unterseite haben die Wurzeln die Eierschale durchbrochen. Denn nach wenigen Tagen beginnen die Ringelblumensamen zu keimen und bilden Keimwurzeln. Mit diesen Wurzeln kann sich der Keimling im Boden verankern und Wasser und Nährsalze aus der Erde aufnehmen.

Sich in der Welt verständigen

Was magnetische Kräfte können

Ziele und Bedeutung
- Materialien erforschen
- Magnetkraft entdecken und erproben
- Erkenntnisse dokumentieren

Magnete stellen für viele Leute etwas Mysteriöses dar, ziehen sie doch ferromagnetische Gegenstände oder andere Magnete wie von Geisterhand an. Glauben Sie aber nicht, dass es sich um ein unerklärbares Phänomen handelt. Magnetismus ist etwas, was die Wissenschaft schon seit sehr langer Zeit kennt und versteht. Vermitteln Sie den Kindern dieses Phänomen nicht als Zauberei, sondern als eine Kraft, die sie in vielfältigen spielerischen Zusammenhängen selbst erproben können.

Vorbereitung
Besorgen Sie sich zwei Hufeisenmagnete. Einige Modelle verfügen über eingearbeitete Griffe, die den Kindern das Experimentieren erleichtern.

Gruppe: bis zu sechs Kinder
Material: zwei Hufeisenmagnete, verschiedene Testgegenstände (Gummiband, Plastikbecher, Schlüssel, Löffel, Reißwecken, Büroklammern, Murmeln, Münzen, Holzspielzeug, Haushaltswaren aus Stahl), ein rotes mit Pluszeichen markiertes und ein blaues mit Minuszeichen markiertes Tuch

Einstimmung
Zeigen Sie den Kindern den Hufeisenmagneten und fragen Sie, ob sie so ein Teil schon einmal gesehen haben. Erklären Sie ihnen, dass dies ein Magnet ist, der reichlich Kraft hat und dass diese Kraft Magnetkraft heißt.

Aufgaben der Kinder
1. Legt die verschiedenen Gegenstände auf den Tisch.
2. Einer sucht sich einen Gegenstand aus und versucht ihn mit dem Magneten hochzuheben. Was passiert?
3. Lässt sich ein Gegenstand anheben, wird er auf das rote Tuch mit dem Pluszeichen gelegt, wenn nicht, auf das blaue mit dem Minuszeichen.
4. Dann kommt die Nächste dran und macht das genauso.
5. Experimentiert reihum, bis ihr alles untersucht habt.

Weiterer Spielverlauf
Die Kinder betrachten das Ergebnis ihres Versuchs und suchen gemeinsam nach einer Erklärung. Lassen Sie die Kinder selbst Gegenstände suchen und überprüfen, ob sie auf den Magnet reagieren oder nicht.

Hintergrundwissen
Magnetismus ist eine Kraft, die wir nicht sehen, hören, riechen und fühlen können. Trotzdem gibt es ihn, und die Kinder können seine Wirkung spüren. In vielem, was wir im Alltag gebrauchen wirken magnetische Kräfte: im Telefon, in der Klingel, im Radio und im Fernsehen. In der Funktion vieler komplexer Maschinen und Apparaturen ist diese Naturkraft integriert. Ein Magnet zieht nur die Dinge an, die bestimmte Metalle enthalten, z. B. Eisen, Nickel, Kobalt und Chrom.

Sich in der Welt verständigen

Zahlentreppe

Ziele und Bedeutung
- Ordnungsaspekt der Zahlen erfahren
- Raumerfahrung gewinnen
- Addieren und Subtrahieren üben
- Kommunikationswert der Zahlen nutzen

Wenn Kinder erfahren sollen, dass Mathematik etwas Sinnvolles und Nützliches ist, dann brauchen sie die Gelegenheit, innere mathematische Bilder aufzubauen. Eine rein kognitive Ausrichtung der Mathematik hat zur Folge, dass sie keinen Bezug zur kindlichen Lebenswelt hat. Deswegen sollten immer Anlässe in der realen Umgebung der Kinder zum Zählen genutzt werden.

Vorbereitung
Jede Treppe lässt sich in einen Zahlenweg bzw. in eine Zahlentreppe verwandeln, indem die Treppenstufen mit den Zahlen 1–10 versehen werden.

Gruppe: bis zu acht Kinder
Material: Zahlentreppe oder Zahlenweg aus rutschfesten Teppichfliesen

Einstimmung
Zeigen Sie den Kindern die von Ihnen vorbereitete Zahlentreppe und kündigen Sie an, dass sie nun mit vielen Spielen eröffnet wird, zu denen man die Zahlen braucht. Da die Kinder auf der Zahlentreppe möglichst eigenständig experimentieren sollten, geben Sie nur einige Aufgaben vor.

Aufgaben der Kinder
1. Geht zu zweit die Zahlentreppe hoch und zählt dabei laut mit.
2. Geht noch einmal hoch und bleibt auf einer Zahl stehen, schreibt sie euch ab und sucht, wo ihr sie im Haus noch einmal findet.
3. Wer möchte zuerst die Augenmaske aufsetzen?
4. Der geht mit verbundenen Augen die Treppe hoch und zählt leise mit.
5. Ein Kind sagt: »Stopp!« und fragt: »Auf welcher Zahl stehst du? Welche Zahl ist unter dir und welche vor dir?«

Weiterer Spielverlauf
Regen Sie die Kinder an, mit einem Schaumstoffwürfel weitere Spiele zu erfinden, bei denen sie Addieren und Subtrahieren mit Vorwärts- und Rückwärtsgehen verbinden. Lassen Sie sie dieses Spiel auch auf Außenflächen spielen: mit auf den Boden aufgezeichneten Feldern von eins bis zehn.

Hintergrundwissen
Eine Treppe oder ein Weg aus Teppichplatten hilft den Kindern, sich mit dem Ordnungsaspekt (d. h. mit der Reihenfolge der Zahlen beim Zählen) der Zahlen vertraut zu machen. Die kognitive Leistung, die Ziffern in ihrer Reihenfolge wahrzunehmen, wird durch die körperliche Bewegung unterstützt.

Sich in der Welt verständigen

Mengen

Ziele und Bedeutung
- Anzahlaspekt einer Zahl erleben
- Wahrnehmung fördern
- Zahlenraum räumlich darstellen

Eine Zahl kann verschiedene Bedeutungen bzw. Aspekte haben. Um Kindern ein grundlegendes Verständnis von Zahlen zu ermöglichen, ist es wichtig, sie mit dem Ordnungsaspekt (die Reihenfolge der Zahlen beim Abzählen) und dem Anzahlaspekt vertraut zu machen.
Der Anzahlaspekt kann im Alltag in vielerlei Hinsicht erfahren werden: Ein Dreieck hat drei Ecken, wenn vier Personen essen, wird der Tisch mit vier Tellern und viermal Besteck gedeckt, wenn fünf Kinder sitzen möchten, braucht man fünf Stühle usw.

Vorbereitung
Schreiben Sie die Zahlen eins bis sechs mit dickem Filzstift auf jeweils ein Blatt Papier.
Sie benötigen genügend Raum, um die Flächen für die Zahlenhäuser zu schaffen.
Versichern Sie sich, dass die Aufgabe zu lösen ist, d. h. dass genügend Objekte vorhanden sind.

Gruppe: bis zu sechs Kinder
Material: sechs große Tücher oder Reifen, ein Schaumstoffwürfel, Filzstifte

Einstimmung
Sitzen Sie mit den Kindern im Kreis und erzählen Sie ihnen, dass der Würfel gehört hat, dass es für seine Punkte auch Zahlen gibt. Nun möchte er die unbedingt kennen lernen und wir helfen ihm dabei.

Aufgaben der Kinder
1. Ein Kind beginnt zu würfeln.
2. Es legt einen Reifen auf den Boden und alle suchen gemeinsam das passende Zahlenblatt aus.
3. Das Kind, das gewürfelt hat, legt das Zahlenblatt in den Reifen.
4. Würfelt reihum, bis alle sechs Zahlen ein Haus haben.
5. Nun werden die Häuser entsprechend ihrer Anzahl ausgestattet. In die Zwei kommen z. B. zwei Bauklötze, in die Vier vier Tannenzapfen usw.

Weiterer Spielverlauf
Das Spiel wird so lange gespielt, bis in jedem Zahlenhaus die jeweilige Menge in drei verschiedenen Ausführungen vorhanden ist.

Hintergrundwissen
Der Anzahlaspekt beschreibt eine Zahl als Anzahl von Mengen unterschiedlicher Objekte, z. B. 3 Äpfel, 4 Autos, 6 Bauklötze. Wenn wir die einzelnen Blätter eines Kleeblatts zählen, dann ist die Zahl eine Abstrahierung, die wir verwenden, um die Anzahl der Kleeblätter zu beschreiben. Sie ist nicht Teil des Kleeblatts selbst, sondern Teil unserer logisch-mathematischen Denkweise – eine der verschiedenen Formen von Wissen, die wir anwenden können, um über den Klee nachzudenken.

Sich in der Welt verständigen

Messen

Ziele und Bedeutung
- Größenbegriffe kennen lernen
- Mathematische Denkweisen entwickeln
- Visuelle Wahrnehmung fördern

Kinder kennen den Begriff Länge meistens deshalb, weil sie sich mit ihrer eigenen »Größe« beschäftigen. Sie wollen wachsen, denn größer werden ist der Inbegriff dafür, dass sich neue Türen für sie öffnen werden. Dieses Interesse an der eigenen Größe ist der Ausgangspunkt für das Maßnehmen.

Vorbereitung
Stellen Sie eine Sammlung von Metermaßen zusammen: eine Messlatte, die an der Wand befestigt werden kann und über eine Skala von 1–100 cm verfügt, ein Zollstock, verschieden lange Lineale, ein flexibles Schneidermaßband.

Erstellen Sie eine dreispaltige Tabelle, in die die Kinder ihre Ergebnisse eintragen können: Name, Länge in Zentimeter und die Reihenfolge in aufsteigender Nummerierung.

Gruppe: bis zu sechs Kinder
Material: eine Metermaßsammlung, Bleischnur (erhältlich in Gardinengeschäften), mitteldicke Kordeln (erhältlich in Baumärkten)

Einstimmung
Erzählen Sie den Kindern, dass ein Riese Sie gefragt hätte, wie groß eigentlich Kinder sind, die in den Kindergarten gehen. Am liebsten hätte er von jedem Kind ein Bild, den Namen und ganz genaue Zahlen.
Zeigen Sie den Kindern die Messlatte und erklären Sie, dass diese Zahlen zeigen, wie groß etwas ist. Erklären Sie, dass Zahlen, die etwas über die Länge aussagen, einen Familiennamen haben, der Zentimeter heißt und dass Ihre Messlatte 100 solche Zentimeter lang ist.

Aufgaben der Kinder
1. Geht zu zweit zusammen.
2. Einer stellt sich an die Messlatte und der andere schaut sich die Zahl an, die über dem Kopf sichtbar ist.
3. Er schreibt die Zahlen hinter den Namen des Kindes in die Tabelle.
4. Dann misst der, der gemessen wurde wie viele Zentimeter sein Partner hat.
5. Wenn alle sich gegenseitig gemessen haben und die Ergebnisse aufgeschrieben sind, stellt ihr euch der Größe nach auf.
6. Wer ist nun am längsten, wer hat die meisten Zentimeter?

Weiterer Spielverlauf
Der Längste erhält in der dritten Spalte die 1; das Kind, das am zweitgrößten ist, die 2 usw. Diesen Eintrag moderieren Sie und führen ihn auch durch. Fordern Sie die Kinder auf, nun selbst etwas zu vermessen und aus den Messergebnissen eine Reihenfolge zusammenzustellen. Die Kinder können unbewegliche Gegenstände mit der Bleischnur oder der Kordel abmessen und die Zentimeterzahlen an der Messlatte feststellen. Zeigen Sie den Kindern die verschiedenen Formen der Messwerkzeuge und lassen Sie sie selbst entscheiden, was sie wie abmessen.

Hintergrundwissen
Dinge zu vermessen hilft Kindern, sich handlungsorientiert Begriffe wie kleiner, größer, länger, kürzer, mehr, weniger, klein, groß, schmal, breit anzueignen – eine unverzichtbare Erfahrung, um eine mathematische Denkweise zu entwickeln.

Sich in der Welt verständigen

Form und Raum

Ziele und Bedeutung
- Geometrische Formen kennen lernen
- Raumvorstellungen entwickeln
- Sprachliches Ausdrucksvermögen erweitern

Vorbereitung
Malen Sie mit Kreide verschiedene Formen (Dreieck, Viereck, Fünfeck, Sechseck, Kreis) großflächig auf den Boden.

Gruppe: bis zu sechs Kinder
Material: alle oben genannten Formen aus Holz oder Pappe

Einstimmung
Setzen Sie sich mit den Kindern um einen Tisch, zeigen Sie ihnen die verschiedenen Formen und nennen Sie ihre Namen. Fordern Sie die Kinder auf, die Kanten jeder Form mit dem Finger zu erfühlen. Besprechen Sie gemeinsam mit den Kindern die Eigenschaften der Formen: rund, eckig, spitz, vieleckig und fordern Sie sie auf, nun zu den Formen mitzukommen, die Sie auf den Boden gezeichnet haben.

Aufgaben der Kinder
1. Jeder sucht sich eine Form aus.
2. Lauft an der Außenkante eurer Form entlang.
3. Tauscht die Plätze, bis ihr alle Formen einmal umlaufen habt.
4. Probiert aus, wie viele Kinder sich in eine Form hineinstellen können.
5. Geht in die Gruppenräume und sucht, wo ihr dort Dinge findet, die diese Formen besitzen.

Weiterer Spielverlauf
Besprechen Sie mit den Kindern ihre Fundstücke und regen Sie sie an, diese aufzuzeichnen. Auch folgende Anregung kann später noch aufgegriffen werden: Die Kinder zeichnen eine Karte des Gruppenraums. Einer versteckt irgendwo im Raum ein Ding in seiner Lieblingsform, z. B. einen Plastikteller. Er zeichnet die Kreisform an der Stelle auf die Karte, an der der Teller versteckt liegt. Er bittet ein Kind, das nicht weiß, wo das Versteck ist, den Kreis nur mit Hilfe der Karte zu finden. Baupläne und Schnittmuster zeigen beispielsweise eine Vielfalt von Formen und sind für Kinder eine anregende Fundgrube: Aus zwei Rechtecken können sie selbst ein einfaches Shirt für den Bären nähen, ein Bauplan regt an, die Formen eigener Konstruktionen auf dem Papier festzuhalten.

Hintergrundwissen
Kinder können intensives Interesse an geometrischen Formen entwickeln, wenn sie diese möglichst vielfältig erfahren: Formen kann man backen, man kann sie aufessen oder ihre auf dem Boden aufgezeichneten Umrisse mit Steinchen flächig füllen. Sie sind zu spüren, zu besingen, zu bespielen, zu falten und zu begehen. So steht einer lustvollen Erfahrung der Geometrie nichts entgegen.

Die Welt erforschen

Warum gibt es Schatten?

Ziele und Bedeutung
- Erkennen, wie ein Schatten entsteht
- Schatten vergrößern und verkleinern
- Schatten als kreative Spielmöglichkeit erleben

Das Spiel mit dem Schatten macht schon kleinen Kindern viel Spaß. Besonders wenn draußen die Sonne scheint, gibt es diese Abbilder zu entdecken: Mittags sehen die Kinder, dass ihr Schatten ganz klein ist, denn die Sonne steht noch hoch am Himmel. Abends und morgens bei niedrigerem Sonnenstand werden sie ihren längeren Schatten entdecken. Bei den Spielen mit künstlichen Lichtquellen werden sie selbst entdecken, wie Hunde und Katzen an die Wand kommen ...

Vorbereitung
Schattenspiele sind eindrucksvoller, wenn der Schatten scharfe Ränder hat, deswegen ist der lichtstarke Diaprojektor besonders gut dafür geeignet. Strahlen Sie die Leinwand oder ein Laken von hinten an und lassen Sie die Kinder zwischen dem Projektor und der Leinwand spielen. Für die bunten Schatten aus Transparentpapier können die Kinder aus einem Stück schwarzen Tonkarton eine Fläche ausschneiden und diese Öffnung mit Transparentpapier bekleben. Befestigen Sie einen Stab an den Kartons, damit sie gut zu halten und beweglich sind.

Gruppe: bis zu acht Kinder
Material: ein Diaprojektor, eine Leinwand, Zeitungspapier, buntes Transparentpapier, Tonkarton, Holzstäbe, Klebstreifen

Einstimmung
Fragen Sie die Kinder: »Kennt ihr eigentlich euren Schatten?«

Aufgaben der Kinder
1. Ein Kind nach dem anderen betrachtet seinen Schatten auf der Leinwand.
2. Findet raus, wie ihr so groß wie ein Riese, und so klein wie ein Zwerg werdet.
3. Macht euch aus einem Blatt Zeitungspapier eine Zwergenmütze.
4. Setzt sie auf und betrachtet euer neues Schattenbild.
5. Probiert aus, was für ein Schatten mit einem Stück buntem Transparentpapier entsteht.

Weiterer Spielverlauf
Lassen Sie die Kinder ihre bunten Schatten zu Musik an der Wand tanzen. Wenn draußen die Sonne scheint, können die Kinder gegenseitig ihren Schatten mit Kreide auf den Boden zeichnen. Bilderbuchtipp: »Der Schatten vom Hans« von Adelheid Dahimène/Heide Stöllinger, erschienen im Carlsen Verlag, erzählt die Geschichte eines Schattens, der genug hat und deswegen seinem Besitzer wegläuft.

Hintergrundwissen
Gegenstände, die lichtundurchlässig sind, durch die also Lichtstrahlen nicht hindurchscheinen, erzeugen einen Schatten. Schatten entsteht, wenn ein Lichtstrahl unterbrochen wird.
Größe und Form des Schattens hängen davon ab, wie weit der Gegenstand von der Lichtquelle weg ist. Je näher ein Gegenstand dem Licht ist, desto größer wird der Schatten.

Ein selbst gemachter Regenbogen

Ziele und Bedeutung
- Die Farben des Regenbogens kennen lernen und erzeugen
- Erkennen, dass in weißem Licht alle anderen Farben vorhanden sind
- Licht brechen

Die meisten Kinder haben schon einmal einen Regenbogen gesehen. Wenn sie einen Regenbogen zeichnen, wissen sie jedoch manchmal nicht mehr genau die Reihenfolge der Farben. Bei diesen Experimenten entdecken die Kinder die verschiedenen Farben des Lichts und können sich noch einmal über die Abfolge der Spektralfarben vergewissern.

Vorbereitung
Erproben Sie den Versuch, der übrigens auch mit Sonnenlicht funktioniert. Markieren Sie in den Schalen den nötigen Wasserstand.

Gruppe: bis zu sechs Kinder
Material: zwei flache Schalen, Wasser, zwei Spiegel, zwei Taschenlampen, zwei Bögen weißes stärkeres Papier, etwas Knete, eine alte CD, Seifenblasen

Einstimmung
Sie erzählen folgende Geschichte: »An einem hellen Sommernachmittag steht ein kleiner Wurzelzwerg in seinem Garten und gießt die Pflanzen, damit sie nicht verdursten. Er steht mit dem Rücken zur Sonne und sprüht mit dem Gartenschlauch einen Wasserschleier. Da erscheint ein bunter Regenbogen.« Woher die Farben kommen, das wollen wir jetzt selbst entdecken.

Aufgaben der Kinder
1. Geht zu dritt zusammen.
2. Einer stellt den Spiegel an einen kurzen Rand der Schale und hält ihn schräg.
3. Der Zweite gießt bis zum Strich Wasser in die Schale und hält dann ein Blatt weißes Papier vor den Spiegel.
4. Der Dritte leuchtet mit der Taschenlampe so auf das Wasser, dass der Lichtstrahl den Teil des Spiegels trifft, der unter Wasser ist.
5. Was ist auf dem Blatt zu sehen?

Weiterer Spielverlauf
Die Lichtstrahlen fallen in die Wanne und werden beim Eintritt in das Wasser gebrochen. Dabei wird jeder Lichtstrahl in Spektralfarben zerlegt. Die Farben prallen danach unterschiedlich steil auf den Spiegel und werden von ihm reflektiert. Sie wandern durch das Wasser, treten wieder an die Luft, werden dabei noch mal abgelenkt und fallen schließlich auf das Papier.
Und wie kann man die Farben des Regenbogens noch sehen? Indem man eine CD schräg gegen das Licht hält oder die Haut einer schillernden Seifenblase betrachtet.

Hintergrundwissen
Wieso erzeugen farblose Regentropfen aus dem weißen Sonnenlicht eine derartige Farbenpracht? Weil sie die Farben gar nicht herstellen müssen, sie sind im Sonnenlicht bereits enthalten. Weißes Licht besteht aus einer Mischung aller Farben.
Mit allen Abstufungen gibt es im Regenbogen allerdings noch viel mehr als sechs Farben. Besonders gut trennt ein Prisma aus Glas das Licht in Regenbogenfarben auf.

Die Welt erforschen

Eine Rakete geht ab ...

Ziele und Bedeutung
- Aktion/Reaktion erleben
- Schubkraft des Rückstoßes kennen lernen
- Exakt beobachten

Luftballons bieten Kindern die Möglichkeit, ein einfaches physikalisches Prinzip zu entdecken: Aktion gleich Reaktion. Auf diesen Versuch bezogen heißt das: Die Luft entweicht, das ist die Aktion, der Ballon bewegt sich in die entgegengesetzte Richtung, das ist die Reaktion.

Vorbereitung
Damit die Kinder die Luftballons auch aufblasen können, sollten Sie diese vorher schon einmal aufblasen.

Gruppe: bis zu sechs Kinder
Material: für jede Gruppe eine Schnur, am besten aus Nylon (oder Bindfaden), ein Trinkhalm, ein Luftballon, Klebeband, eine Schere; zusätzlich für jedes Kind einen Luftballon, DIN-A4-Papier und Buntstifte

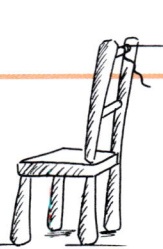

Einstimmung

Kündigen Sie an, dass Sie heute gemeinsam einen Luftballonexperiment machen werden und dafür zunächst Luftballons ausprobieren. Geben Sie jedem Kind einen Ballon und die Anweisungen, den Ballon zuerst aufzublasen, die Öffnung fest zuzuhalten und dann auf einmal loszulassen. Warum schießt der Luftballon wie ein geölter Blitz im Zimmer umher? Sicherlich entdecken die Kinder, dass die Luft aus dem Ballon ausströmt. Erklären Sie, dass man diese ausströmende Luft nutzen kann, um eine Luftballonrakete zu bauen, und fordern Sie die Kinder auf, sich in Zweiergruppen aufzuteilen.

Aufgaben der Kinder

1. Jede Gruppe stellt zwei Stühle im Raum auf: mit den Rückenlehnen zueinander, ungefähr drei Meter auseinander.
2. Zieht den Bindfaden durch den Strohhalm und bindet das eine Ende an einer Stuhllehne fest und das andere Ende an der anderen.
3. Einer bläst den Ballon auf und hält die Öffnung mit den Fingern zu.
4. Der andere befestigt den Ballon mit zwei Klebestreifen am Strohhalm.
5. Dann zieht einer den Trinkhalm mit dem Luftballon ans Ende der Schnur.
6. Er nimmt seine Finger von der Öffnung des Ballons und lässt ihn los.

Weiterer Spielverlauf

Bei der Luftballonrakete wird die Rückstoßkraft in eine geradlinige Bahn gelenkt. Lassen Sie die Kinder den Versuch aufzeichnen.

Hintergrundwissen
Wenn die Luft herausgelassen wird, saust der Ballon in die entgegengesetzte Richtung, d. h. er wird ans andere Ende der Schnur nach vorne gedrückt.
Bei einem Düsenflugzeug stoßen die Düsentriebwerke zusammengepresste und sehr heiße Verbrennungsgase des Treibstoffs mit hoher Geschwindigkeit nach hinten aus. Sie treiben das Flugzeug nach vorne. Auch Raketen und Raumfähren funktionieren nach dem Rückstoßprinzip.

Die Welt erforschen

Leise Geräusche werden lauter

Ziele und Bedeutung
- Gegensätzlichkeit laut/leise erleben
- Auditive Wahrnehmung fördern
- Differenziertes Hören üben

Die Kinder erfahren mit ihren eigenen Ohren, dass sie leise Geräusche intensiver hören können, wenn sie Hilfsmittel einsetzen. Diese Erlebnisse unterstützen die Kinder, sich vorzustellen, dass alles, was sie hören, Schall ist.

Vorbereitung
Einen deutlich tickenden Wecker besorgen. Die Luftballons aufblasen und verknoten. Aus dem Schlauchstück und den Trichtern ein Stethoskop basteln, indem Sie in jede Öffnung des Schlauchs einen Trichter stecken.

Gruppe: bis zu sechs Kinder
Material: ein Schlauchstück (ca. 1 m lang), zwei Trichter, ein Wecker, ein Stock (ca. 1 m lang), für jedes Kind einen Luftballon, Klebeband

Einstimmung
Sie unterhalten sich gemeinsam darüber, wann die Kinder laut und wann sie leise sind und dass es damit zusammenhängt, wie viele im Raum sind, wer alles spricht, Geräusche oder Krach produziert. Erzählen Sie den Kindern, dass es in der Wüste Nordafrikas kleine Füchse gibt, die auffällig riesige Ohren haben, damit sie leise Geräusche deutlich hören können. Wenn nachts eine Maus im Sand raschelt, kann der Wüstenfuchs dies noch aus einer Entfernung von 1,5 km hören.
Igel hören eine Raupe aus 2 m Entfernung an einem Blatt nagen.

Aufgaben der Kinder
1. Lauscht dem Weckergeräusch.
2. Geht zu zweit zusammen und hört, wie das Herz des anderen klopft.
3. Klopft mit dem Finger auf den aufgepusteten Ballon.
4. Lauscht dem Wecker, indem ihr den Holzstock als Hörrohr verwendet. Haltet ihn so, dass das eine Ende den Wecker berührt und das andere an das Ohr reicht.
5. Jeder hört mit dem Stethoskop die Herztöne des anderen ab, indem er den einen Trichter ans Ohr hält, während der Partner den anderen Trichter an sein Herz presst.
6. Haltet den Ballon ganz nah an euer Ohr. Klopft mit dem Finger an die Stelle des Ballons, die am weitesten entfernt ist.

Weiterer Spielverlauf
Besprechen Sie, weshalb beim zweiten Mal die Geräusche lauter zu hören waren.

Hintergrundwissen
Die Luft überträgt den Schall eines Tons wellenförmig in einer Folge von Luftverdichtungen und Luftverdünnungen, die sich in alle Richtungen ausbreiten. Trifft die Schallwelle auf das Ohr, dann schwingt das Trommelfell mit. Die Gehörknöchelchen leiten diese Schwingung weiter in das Innenohr bis zu den Sinneszellen. Die geben die Information über einen Nerv zum Gehirn. Das Gehirn verarbeitet alles und so hören wir. Der Stock leitet die Schallwellen des Weckertickens besser weiter als die Luft. Da Gegenstände aus festem Material Schwingungen aufnehmen, sind die Klangkörper von Musikinstrumenten aus Holz oder Metall. Sie schwingen beim Musizieren mit und verstärken dadurch den Ton.

Die Welt erforschen

Lupen und andere Linsen

Ziele und Bedeutung
- Konzentriert wahrnehmen
- Optische Phänome erfahren
- Gestalten mit Medien

Kinder lieben Lupen, weil sie damit Geheimnisse lüften können. Lupen und Linsen motivieren Kinder ungemein, ihre Umwelt wahrzunehmen, sie bringen sie ihnen in unnachahmlicher Weise nahe.

Vorbereitung
Sammeln Sie Blütenblätter, Rispengräser, Samenschirme von Löwenzahn, Zwiebelhäutchen, Flügel toter Insekten, Federn. Zerdrücken Sie ein gekochtes Reiskorn und stellen Sie Zucker und Salz bereit. Sie benötigen einen verdunkelbaren Raum.

Gruppe: bis zu sechs Kinder
Material: oben genanntes Material, ein Diaprojektor, Plastikstreifen eines Schnellhefters, Wasser, Lupen, ein Vergrößerungsglas, pro Kind zwei bis drei Glas-Diarahmen (die ein Scharnier zum Aufklappen haben)

Einstimmung
Unterhalten Sie sich mit den Kindern darüber, was sie schon alles mit einer Lupe betrachtet haben. Lassen Sie die Kinder feststellen, aus welchem Material die Lupen sind. Erzählen Sie, dass Sie nun aus einem Tropfen Wasser eine Lupe herstellen werden.
Erklären Sie, dass der Diaprojektor eine Linse hat, die heute ganz besondere Bilder vergrößert an die Wand werfen wird.

Aufgaben der Kinder
1. Spritzt auf das eine Ende des Plastikstreifens etwas Wasser, sodass ein Wassertropfen innerhalb des Lochs hängen bleibt.
2. Haltet den Tropfen ganz nah an einen Buchstaben in einer Zeitung. Was passiert?
3. Schaut euch eine echte Lupe aus Glas an. Vergleicht sie mit einem Wassertropfen.
4. Legt in einen Diarahmen etwas Durchleuchtbares und betrachtet es mit Hilfe des Diaprojektors vergrößert an der Wand.

Weiterer Spielverlauf
Die Kinder werden schnell entdecken, was sich zum Durchleuchten eignet. Spaß macht es den Kindern auch, ihren Namen mit dünnen Permanentstiften auf Overheadfolie zu schreiben, diese in die Diarähmchen zu legen und vergrößert – auch in Spiegelschrift – an der Wand zu betrachten.

Hintergrundwissen
Der Wassertropfen arbeitet wie eine Lupe: Die Schrift erscheint vergrößert. Dieser Vergrößerungseffekt hängt mit der Lichtbrechung zusammen. Die Lupe aus Glas hat genauso wie der Wassertropfen gewölbte Oberflächen. Solch ein Glasblättchen mit gewölbter Oberfläche wird »Linse« genannt, da es eine Form wie eine essbare Linse hat. Werden mehrere Lupen hintereinander gesetzt, entsteht ein Mikroskop. Im Diaprojektor schickt eine Glühbirne Licht durch das Dia, eine Linse projiziert es vergrößert an die Wand. Wenn die Lichtstrahlen die Linse passieren, wird dabei rechts und links sowie oben und unten vertauscht. Deswegen müssen Dias kopfüber und seitenverkehrt in die Schienen gelegt werden.

Die Welt erforschen

Wenn der Strom im Kreis läuft

Ziele und Bedeutung
- Stromkreislauf kennen lernen
- Elektrische Energie nutzen

Elektrizität erleben Kinder jeden Tag: Ob sie eine Glühbirne zum Leuchten bringen, eine Taschenlampe benutzen oder ihren Kassettenrecorder laufen lassen. Hier erfahren sie, was man braucht, um eine Glühbirne zum Leuchten zu bringen und welche Materialien elektrischen Strom leiten.

Vorbereitung
Bauen Sie aus den unten aufgeführten Materialien einen Stromkreis: Schneiden Sie den isolierten Kupferdraht in zwei Teile und entfernen Sie die Isolierung an den Enden je drei 3 cm weit. Verbinden Sie ein Ende eines Drahtes mit einer Lasche der Batterie, das Ende des anderen Drahtes mit der anderen Lasche. Achten Sie darauf, dass sich die Enden nicht berühren. Dann befestigen Sie die beiden freien Drahtenden an der Birnenfassung: Die Glühlampe leuchtet.

Gruppe: bis zu sechs Kinder
Material: eine flache 4,5-Volt-Taschenlampenbatterie, ca. 30 cm isolierter Kupferdraht (im Fachjargon Litze genannt), ein 4,5-Volt-Glühbirnchen, eine Birnenfassung, ein kleiner Schraubenzieher, einige batteriebetriebene Geräte, ein Plastiklineal, Büroklammern, eine Schere, ein Kochlöffel

Einstimmung
Gemeinsam begutachten Sie die batteriebetriebenen Geräte. Die Kinder probieren diese zunächst aus und betrachten dann die Batterien. Dann zeigen Sie Ihren vorbereiteten, noch nicht geschlossenen Stromkreis.

Aufgaben der Kinder
1. Was hängt alles an dieser Batterie dran?
2. Habt ihr eine Idee, was man damit machen kann?
3. Ein Kind kann die Enden der Drähte an der Glühbirne befestigen.

Weiterer Spielverlauf
Die Kinder werden vermuten, dass die Batterie Strom durch den Draht zum Lämpchen schickt. Entfernen Sie einen Draht von der Fassung und lassen Sie die Kinder vermuten, warum die Lampe nicht mehr brennt. Warum genügt nicht ein einziger Draht? Weil der Strom immer im Kreis, also von einer Seite der Batterie auf die andere fließt. Fordern Sie die Kinder auf, den Stromkreis mit den verschiedenen Materialien zu schließen.

Hintergrundwissen
Elektrischer Strom fließt nur dann, wenn er von einem Anschluss der Batterie (dem Minuspol) zum anderen (dem Pluspol) gelangen kann. Wir sprechen dann von einem geschlossenen Stromkreis. Nur so vermag er Arbeit zu leisten: in unserem Fall, das Lämpchen zum Leuchten zu bringen.
In den Zellen der Taschenlampenbatterien ist Energie in chemischer Form als Zinkmetall gespeichert. Wenn Strom fließt, wird das Zinkmetall nach und nach aufgelöst. Ist es verbraucht, dann ist die Batterie leer.

Die Welt erforschen

Küchen- und Haustechnik erforschen

Ziele und Bedeutung
- Zahnradsysteme erforschen
- Getriebe kennen lernen
- Beobachtungen dokumentieren

Ein Haushalt ist ein technisches Paradies. Es gibt viele Geräte um Zeit und Kraft zu sparen: von der Bohrmaschine bis zum elektrischen Rührgerät. Alles, was eine Maschine leistet, tut sie in Übereinstimmung mit einer Anzahl von Prinzipien oder naturwissenschaftlichen Gesetzen. Die Hebel und Räder, Kurbeln und Zahnräder werden bei den Kindern das natürliche Interesse an mechanischen Bewegungen anregen.

Vorbereitung
Stellen Sie ein Arsenal von Geräten zusammen: ein Fleischwolf, ein handbetriebenes Rührgerät (Schneerädchen), eine Salatschleuder (meist muss die innere Abdeckung abgenommen werden), ein Handbohrer.

Gruppe: bis zu sechs Kinder
Material: die oben genannten Geräte, gekochte Kartoffeln, nasse Blätter, eine Rührschüssel mit Eiweiß

Einstimmung
Fragen Sie die Kinder, welche Geräte sie kennen, die uns im Haushalt die Arbeit erleichtern. Erzählen Sie, dass Sie heute einige Geräte mit Kurbeln, Zahnrädern und Bohrern mitgebracht haben. Fordern Sie die Kinder auf, die Geräte zuerst ohne, dann mit den dazugehörigen Materialien in Betrieb zu nehmen.

Aufgaben der Kinder
1. Probiert das Schneerädchen aus und beobachtet, was die Zahnräder machen.
2. Probiert die Salatschleuder aus und schaut euch die Zahnräder an.
3. Probiert den Fleischwolf aus und schaut euch das innere Teil, den Schneckenbohrer, an.

Weiterer Spielverlauf
Fordern Sie die Kinder auf, den Schneckenbohrer des Fleischwolfs mit dem des Handbohrers zu vergleichen. Lassen Sie die Kinder ihre Entdeckungen mit eigenen Gedanken und Erklärungen interpretieren. Regen Sie sie an, ihre Beobachtungen in Zeichnungen festzuhalten.

Hintergrundwissen
Ein Schneerädchen hat ein Kegelradgetriebe mit Zahnrädern in unterschiedlicher Größe. Mit der Handkurbel wird ein großes Antriebskegelrad gedreht, das seinerseits zwei Kegelzahnräder antreibt, die wiederum die Besen beschleunigen.
Die Salatschleuder wird mit hoher Geschwindigkeit gedreht, damit überschüssiges Wasser mit Hilfe der Zentrifugalkraft entfernt wird. Angetrieben wird sie von einem System von Zahnrädern, bei denen ein äußeres Zahnrad ein inneres Planetenrad dreht, das wiederum ein kleines zentrales Sonnenrad antreibt.
Die Zusammenarbeit mehrerer ineinander greifender Zahnräder nennt man Getriebe. Wenn man die Handkurbel am Fleischwolf dreht, dreht sich das Messerkreuz und auch der Schneckenbohrer, der das Fleisch (bzw. die Kartoffeln) zum Messerkreuz drückt.
Die Rad- und Achsenbewegung der Handkurbel wird mit dem Schneckenbohrer verbunden, um die Drehkraft zu erhöhen, damit das Fleisch mit großem Druck weiterbefördert und geschnitten werden kann.

Die Welt erforschen

Auto mit Euroantrieb

Ziele und Bedeutung
- Schwerkraft beobachten
- Bewegung erzeugen
- Wahrnehmen und dokumentieren

Unbewusst erleben Kinder täglich die Schwerkraft, sie lässt sie z. B. auf dem Boden ankommen, wenn sie von der Kletterburg hüpfen. In diesem Versuch hat das Auto keine andere Wahl, als sich durch die Schwerkraft in Bewegung zu setzen.

Vorbereitung
Erproben Sie den Versuch.

Gruppe: bis zu acht Kinder
Material: ein Spielzeugauto, dünnes Baumwollgarn (oder dicker Bindfaden, mindestens einen Meter lang), ein kleines Körbchen, reichlich Münzen in verschiedenen Größen (oder andere Gewichte, z. B. Steinchen)

Einstimmung
Führen Sie das Experiment mit einer kleinen Geschichte aus der Erfinderwerkstatt von Daniela Düsentrieb ein. Die Erfinderin möchte gerne ein Auto in Bewegung setzen, ohne es zu berühren. Wie kann sie diese schwierige Aufgabe lösen? Gehen Sie auf die Ideen der Kinder ein und erklären Sie, dass Sie einige Dinge zusammengesucht haben, mit denen nun versucht werden soll, das Auto zu bewegen.

Aufgaben der Kinder
1. Einer von euch bindet den Bindfaden am Körbchen fest und befestigt das freie Ende am Spielzeugauto.
2. Dann stellt ihr das Spielzeugauto so auf den Tisch, dass das festgebundene Körbchen vom Tisch herunterhängt.
3. Legt reihum immer eine Münze in das Körbchen und beobachtet, was passiert.

Weiterer Spielverlauf
Die Kinder werden erleben, dass sich das Auto in Bewegung setzt. Es fährt umso schneller, je mehr Gewichte im Körbchen sind. Lassen Sie die Kinder den Versuchsaufbau beschreiben und eine Zeichnung davon anfertigen.

Hintergrundwissen
Das Gewicht ist die Kraft, die einen Gegenstand (Körper/Objekt) zum Erdboden hinzieht. Diese Kraft, die zwischen einem Gegenstand und der Erde wirkt, nennt man auch Gravitationskraft oder Schwerkraft. Im Versuch zieht die Schwerkraft den Korb nach unten. Der Korb zieht das Auto mit. Die Ursache der Schwerkraft ist die Massenanziehung, d. h. die gegenseitige Anziehung.

Je größer die Masse und je geringer die Entfernung zwischen zwei Körpern ist, desto stärker ist die Gravitation.

Die Welt erforschen

Froschmänner

Ziele und Bedeutung
- Ursache und Wirkung erkennen
- Ein physikalisches Prinzip erforschen
- Selbstständig forschen

Ein experimentelles Spielzeug, das früher weit verbreitet war, ist der Flaschenteufel. Ein Flaschenteufel ist innen hohl und besitzt eine kleine Öffnung, die den um den Bauch gewundenen Schwanz enthält. Ist der Flaschenteufel ganz mit Wasser gefüllt, sinkt er in einem mit Wasser gefüllten Behälter zu Boden. Befindet sich eine geeignete Menge Luft in ihm, schwimmt er an der Wasseroberfläche.

Vorbereitung
Besorgen Sie die benötigten Gummikappen in einem Haushaltswarengeschäft.

Gruppe: bis zu sechs Kinder
Material: ein Gefäß mit genügend Wasser, Kännchen (evtl. auch Trichter) zum Umfüllen, für jedes Kind eine durchsichtige Flasche, eine Gummikappe, fünf bis acht Streichhölzer (unterschiedlich farbige Köpfchen sehen bei diesem Versuch sehr gut aus)

Einstimmung
Zur Einstimmung können Sie mit den Kindern über ihren letzten Besuch im Schwimmbad sprechen und fragen, ob sie sich auch trauen zu tauchen. Erzählen Sie den Kindern, dass sie heute eine Tauchstation für Froschmänner basteln, in der diese immer auf und ab tauchen, wenn sie es bestimmen. Zeigen Sie ihnen die Flaschen und die Streichhölzer und vermitteln Sie ihnen den Hergang der Froschmännerherstellung.

Aufgaben der Kinder
1. Brecht eure Streichhölzer ganz kurz (ca. 2–3 mm) hinter dem Kopf ab.
2. Werft die Streichholzköpfe in die Flasche.
3. Füllt eure Flaschen bis an den Rand mit Wasser und wascht die Hände (wegen des Phosphors).
4. Setzt die Gummikappe auf den Flaschenhals und drückt mit dem Finger auf die Gummikappe.
5. Was passiert?

Weiterer Spielverlauf
Lassen Sie die Kinder mit der Flasche experimentieren: Sie lassen die Froschmänner steigen und sinken oder halten sie am Boden. Fordern Sie die Kinder zur konkreten Beobachtung des Vorgangs auf. Regen Sie sie auch dazu an, ihre eigene Erklärung des Vorgangs zu formulieren. Mit Stanniol aus Pralinenpackungen oder einem kleinen Stück dicker Orangenschale können sie den Versuch auch durchführen. Für Kinder sind Flaschenteufelchen aus Glas (www.flaschentaucher.de) ein Schaugenuss, da diese im Wasser auch Pirouetten drehen können.

Hintergrundwissen
An den Streichholzenden bilden sich kleine Luftblasen. Werden diese durch den Druck des Fingers, der vom Wasser weitergeleitet wird, komprimiert, erreicht man den gleichen Effekt wie beim Flaschenteufel: Der Auftrieb der Streichholzköpfe wird geringer und sie tauchen in die Tiefe. Wird der Druck entlastet, dann steigen sie wieder hoch.

Die Welt erforschen

Den Farben auf der Spur

Ziele und Bedeutung
- Verfahren der Chromatographie anwenden
- Farbzerlegung beobachten
- Selbstständig forschen

Farben werden nur in Ausnahmefällen rein genutzt, und so sind auch Filzstiftfarben gemischt, um bestimmte Farbtöne zu erzielen.

Mit diesem Experiment können Kinder verblüffend einfach den Farbmischungen von wasserlöslichen Filzstiften auf die Spur kommen.

Vorbereitung
Führen Sie den Versuch selbst durch und halten Sie Ihre Ergebnisse fest.

Gruppe: bis zu sechs Kinder
Material: verschiedene wasserlösliche Filzstifte (Schwarz, Braun, Blau, Grün, Rot, Orange), sechs höhere Gläser, sechs Bleistifte oder Schaschlikspieße (an denen lässt sich der Papierstreifen mit einer Büroklammer befestigen), Wasser, saugfähiges Papier (z. B. Küchenrolle oder weiße Kaffeefilter), Scheren, Klebstreifen

Einstimmung
Lassen Sie die Kinder eine Filzstiftzeichnung machen und sprechen Sie über die Namen der Farben. Kündigen Sie an, dass es nun einen Versuch geben wird, der zeigt, wie man Farben zerlegen kann.

Aufgaben der Kinder
1. Nehmt euch ein Glas und legt oben einen Bleistift darauf.
2. Schneidet einen Papierstreifen so breit, dass er in euer Glas passt, und so lang, dass ihr ihn am Bleistift ankleben könnt, er aber nicht den Boden des Glases berührt.
3. Zeichnet 2 cm vom unteren Rand mit Filzstift einen Farbpunkt auf den Papierstreifen.
4. Füllt etwas Wasser in das Glas und hängt eure Streifen so hinein, dass sie gerade die Flüssigkeit berühren.
5. Beobachtet, was passiert.

Weiterer Spielverlauf
Die Kinder können verfolgen, wie der Streifen das Wasser ansaugt. Mit dem aufsteigenden Wasser wandern auch die Farbstoffe mit und werden aufgetrennt. Wenn die Wasserfront nahe am Bleistift ankommt, werden die Papiere zum Trocknen herausgenommen.
Lassen Sie die Kinder festhalten, welche Farbe aus welchen Mischungen besteht, indem sie auf die getrockneten Papierfähnchen noch einmal mit dem Filzstift zeichnen, dessen Farben sie aufgetrennt haben.

Hintergrundwissen
Die subtraktive Farbreihe Türkis (Cyan), Purpurrot (Magenta) und Gelb kommt bei Computerdrucken, Filzschreibern und Bildschirmen vor. Daraus werden alle anderen Farben gemischt. Blau besteht aus Purpurrot und Türkis, Grün aus Gelb und Türkis, Rot aus Purpurrot und Gelb. Manche Farben lassen sich nicht zerlegen. Da verschiedene Farbstoffe vom Papier unterschiedlich festgehalten werden, kann man die Farbstoffmischungen auftrennen. Dieses Verfahren nennt man Chromatographie, übersetzt heißt das »Schreiben mit Farbe«.

Die Welt deuten

Eierkreisel und Tanzknöpfe

Ziele und Bedeutung
- Beobachtung deuten
- Drehimpuls anwenden

Welche geheimnisvollen Kräfte bewahren einen tanzenden Kreisel davor umzukippen und warum kippt er letztendlich doch um?

Vorbereitung
Stellen Sie eine Auswahl unterschiedlicher Kreisel zusammen. Kochen Sie ein Ei hart.

Gruppe: bis zu acht Kinder
Material: ein hart gekochtes Ei, für jedes Kind ein Streichholz und eine runde Perle mit ca. 1–2 cm Durchmesser und einer so großen Öffnung, dass die Perle möglichst satt auf ein Streichholz aufgesteckt werden kann (sitzt die Achse zu locker, muss das Stück, das in der Perle steckt, mit Papier umwickelt werden, sodass es passt)

Einstimmung
Erzählen Sie den Kindern, dass die Osterhasen ein altes Spiel mit den übrig gebliebenen hart gekochten Ostereiern machen und kündigen Sie an, dass Sie das jetzt gemeinsam ausprobieren werden.

Aufgaben der Kinder
1. Dreht das hart gekochte Ei auf dem Tisch und beobachtet, was passiert.
2. Probiert die anderen Kreisel aus. Wo tanzen sie am besten?
3. Warum stellt sich das Ei wohl wie ein Kreisel auf?
4. Warum drehen sich Ei und Kreisel im Kreis und tanzen?
5. Habt ihr eine Idee, wie wir aus dem Streichholz und der Perle einen Kreisel basteln könnten?

Weiterer Spielverlauf
Die Perle wird auf das Streichholz gesteckt, sodass das Phosphorköpfchen die Spitze ist, auf der der Kreisel tanzt. Wenn die Kinder nun den Kreisel ausprobieren, wird er torkeln, da das Streichholz als Achse zu lang ist. Also wird es um ein Drittel gekürzt. Der so stabilisierte Kreisel flitzt ziemlich zackig über den Tisch. Beobachten Sie mit den Kindern auch einen Pumpkreisel und einen Umkehrkreisel.

Hintergrundwissen
Die Theorie des Kreisels ist ein Kapitel der Mechanik, mit dem sich zahlreiche Mathematiker und Physiker auseinander gesetzt haben. Ohne deren Formeln zu beachten, sehen wir, dass der Drehimpuls die Grundvoraussetzung der Kreiselbewegung ist. Durch die Drehbewegung hat ein drehender Kreisel die Eigenschaft, die Richtung seiner Achse beizubehalten. Wie lange sich ein Kreisel dreht, hängt ganz von der Oberflächenbeschaffung der Unterlage und der Kreiselspitze ab. Je geringer die Reibungskräfte sind, desto besser dreht sich der Kreisel. So widersprüchlich es klingen mag, doch ein Kreisel benötigt die Reibung ebenso sehr, wie sie ihm schadet. Eine Kreiselachse vermag sich nämlich nicht auszurichten, wenn die Reibung zwischen Kreiselspitze und Unterlage zu gering ist. Die Reibung, die auf seine Spitze einwirkt, richtet ihn durch ein Hebelbewegung auf. Beim hart gekochten Ei bewirkt die raue Schale, dass es sich aufrichtet und wie ein Kreisel auf seiner Spitze tanzt.

Die Welt deuten

Erbsen mit Kernkraft

Ziele und Bedeutung
- Ursache und Wirkung feststellen
- Biologischen Prozess des Keimens demonstrieren und erleben
- Beobachtungsfähigkeit entwickeln

In der Natur können Kinder immer wieder sehen, dass Pflanzen durch Asphalt und Beton brechen, um wachsen zu können. Dieses Experiment zeigt den Kindern, wie kraftvoll bereits der kleiner Keim eines Samens sein kann.

Vorbereitung
Besorgen Sie die Abbildung einer Erbsenpflanze und einige Erbsenschoten – auch tiefgefrorene eignen sich zum Betrachten und Untersuchen. Richten Sie für jedes Kind eine Portion Gips in einer Schale vor.

Gruppe: bis zu sechs Kinder
Material: für jedes Kind einen durchsichtigen Becher aus Plastik (zerbrechlich), eine alte Konservendose und Holzstöckchen zum Umrühren, Wasser, Erbsen, Gips

Einstimmung
Fragen Sie die Kinder, ob sie diese Samen kennen und betrachten Sie die Abbildung der Erbsen im Pflanzenlexikon und die Schote. Fragen Sie die Kinder, ob sie glauben, dass diese kleine Erbse viele Kräfte in sich hat. Berichten Sie, dass Samenkörner größerer Pflanzen ungewöhnlich viel Kraft haben und so stark wie Elefanten sind.

Aufgaben der Kinder
1. Schüttet Gips in die Konservendosen und rührt ihn mit dem Wasser zu einem flüssigen Brei.
2. Rührt eine Hand voll Bohnensamen dazu.
3. Füllt den Gips mit dem Samen in die durchsichtigen Plastikbecher.
4. Was, denkt ihr, wird passieren?

Weiterer Spielverlauf
Halten Sie die Vermutungen der Kinder fest und stellen Sie die Becher zur Beobachtung auf. Betrachten Sie die nächsten Tage, was geschieht. Halten Sie bei ihren Spaziergängen Ausschau nach Pflanzen, die durch Spalten und Risse wachsen.

Hintergrundwissen
Aus dem Gipsbrei dringt Wasser in die Samenkörner ein. Durch die Quellung vergrößert sich das Volumen der Samenkörner, da die Moleküle des Wassers in die Samenkörner einströmen.
Die Erbsen dehnen sich schließlich so stark aus, dass der Becher zerbricht.
Auch die Erde wird geformt, indem die Wurzeln von Pflanzen durch langsamen, gleichmäßigen Druck Gestein auseinander brechen. In einem langen Prozess beeinflussen dann noch Wind und Wasser diese sehr langwierige Umwandlung. Der gesamte Prozess ist den Kindern in der Natur nicht vermittelbar, seinen Beginn aber zeigt dieses Experiment.

Die Welt deuten

Fliegt es oder fällt es?

Ziele und Bedeutung

- Eigenschaften des Elements Luft erforschen
- Luftwiderstand erleben
- Rückschlüsse ziehen

Fliegen, also in der Luft zu bleiben, war schon immer ein Menschheitstraum. Flügel zu haben und durch die Luft fliegen zu können, ist eine Eigenschaft vieler magischer Figuren im Kinderbuch. »Flieg, Flengel flieg!« heißt ein interessantes Bilderbuch, das über das Fliegenwollen, über Schutzengel und das Traumfliegen erzählt. (Brigitta Garcia Lopéz. Orell Füssli Verlag).

In diesem Experiment können die Kinder selbst herausfinden, welche Dinge in der Luft bleiben können, welche gut fliegen und welche sofort fallen.

Vorbereitung

Eignen Sie sich das Gedicht »Nimm Entenfedern, Löwenzahn« von Max Kruse an.

Gruppe: bis zu acht Kinder
Material: acht Luftballons, 16 Blätter DIN-A4-Schreibpapier, vier Korken, ca. 40–60 Federn (Bastelbedarf)

Einstimmung
Fragen Sie die Kinder, ob sie heute schon etwas gesehen haben, das in der Luft geflogen ist. Stellen Sie die konkrete Frage: »Was kann in der Luft bleiben und fliegen?« Schreiben Sie auf, was Ihnen die Kinder berichten. Fragen Sie die Kinder, ob manche Sachen leichter in der Luft bleiben als andere und kündigen Sie an, dass sie das jetzt ausprobieren können.

Aufgaben der Kinder
1. Wie lange könnt ihr einen Luftballon in der Luft halten?
2. Versucht, eine Feder durch Pusten in der Luft zu halten. Wie hoch bringt ihr sie?
3. Geht zu zweit zusammen und probiert aus, was länger in der Luft bleibt: ein glattes oder ein zerknülltes Papier?
4. Steckt eine Feder in einen Korken. Was passiert, wenn ihr die Feder hochwerft?
5. Was geschieht, wenn ihr noch mehr Federn dazusteckt?

Weiterer Spielverlauf
Die Kinder malen Bilder von allem, was in der Luft bleiben und fliegen kann.

Physik und Poesie schließen sich nicht aus und schon gar nicht, wenn es gilt herauszufinden, was fliegt. Sprechen Sie den Kindern das Gedicht »Nimm Entenfedern, Löwenzahn« von Max Kruse vor.
Die Kinder werden sicher beantworten, warum wir Menschen nicht fliegen können. Ein interessantes Luftspielzeug ist der Drehflügel-Hubschrauber, die Bauanleitung finden Sie auf Seite 11.

Hintergrundwissen
Ein fallender Gegenstand stößt auf Luftwiderstand, welcher den Fall abschwächt. Hat er eine große Oberfläche, hat er mehr Kontakt mit Luft und fällt langsamer. Ein Blatt Papier, ein Luftballon oder eine Feder bleiben verhältnismäßig lange in der Luft, da sie eine große Oberfläche haben und langsam fallen. Das zerknüllte Blatt Papier hat eine kleinere Oberfläche und fällt daher schneller. Steckt man viele Federn in den Korken, wird die Oberfläche größer und das Ganze fällt langsamer.

Die Welt deuten

Wasserläufer

Ziele und Bedeutung
- Das Element Wasser erforschen
- Oberflächenspannung erproben
- Beobachtungen deuten

Einerseits ertrinken Fliegen im Wasser, andererseits laufen andere Insekten elegant auf dem Wasser, ohne zu ertrinken. Schwimmen oder Untergehen hängen also offensichtlich von ein paar Regeln ab. Mit diesem Versuch gehen die Kinder der Sache auf den Grund, sie lernen die Oberflächenspannung des Wassers kennen.

Vorbereitung
Suchen Sie eine Abbildung eines Wasserläufers.

Gruppe: bis zu acht Kinder
Material: ein Glas Wasser, einige Büroklammern, ein Handtuch, einige Tropfen Spülmittel, für jedes Kind fünf Korken, vier Holzspieße

Einstimmung
Sie sitzen gemeinsam mit den Kindern um einen Tisch: »Sicher habt ihr schon mal einen Wasserläufer am Bach oder am Teich gesehen. Was kann der denn Besonderes? Schaut, hier ist einer abgebildet.« Wasserläufer bewegen sich ruckartig über die Wasseroberfläche. Sie tauchen mit dem Körper nicht ins Wasser ein, sondern tragen ihr Gewicht auf den Beinen. Das Wasser scheint sie wie ein Haut zu tragen. »Wir wollen nun herausfinden, warum ein Wasserläufer übers Wasser laufen kann.«

Aufgaben der Kinder
1. Ein Kind legt die Büroklammer vorsichtig auf das mit Wasser gefüllte Glas.
2. Was stellt ihr fest?
3. Ein anderes Kind gibt vorsichtig einen Tropfen Spülmittel dazu.
4. Was könnt ihr beobachten?

Weiterer Spielverlauf
Besprechen Sie mit den Kindern, dass die Wasseroberfläche stark genug ist, um eine Büroklammer oder einen Wasserläufer zu tragen. Sprechen Sie auch über Detergenzien, die wir dem Wasser zusetzen, um Schmutz zu lösen (Seife, Shampoon) und über deren sparsamen Umgang – aus Gründen des Umweltschutzes. Lassen Sie die Kinder einen Wasserläufer bauen: Vier Korken sind die Füße, vier Holzspieße die Beine und ein Korken ist der Körper.

Hintergrundwissen
Oberflächenspannung nennt man die Tendenz einer Flüssigkeit, sich so zu verhalten, als ob sie von einer Haut bedeckt wäre. Die Oberflächenspannung wird durch die Anziehungskräfte zwischen den Oberflächenmolekülen verursacht. In der Natur gibt es Tiere, die diese Oberflächenspannung nutzen z. B. der große und der kleine Wasserläufer. Detergenzien wie Spülmittel senken die Oberflächenspannung. Ein einzelner Tropfen nimmt wegen der Oberflächenspannung die Form mit der kleinsten Oberfläche an, gewöhnlich eine Kugelform. Wir sehen das z. B. an einem Wassertropfen, der am Wasserhahn hängt.

Die Welt deuten

Volumenerfahrungen mit Wasser

Ziele und Bedeutung
- Mengengefühl entwickeln
- Lösungen erarbeiten
- Ergebnisse deuten

Kinder arbeiten täglich mit Volumen. Sie füllen Eimer mit Sand, sie füllen Kisten mit Bauklötzen, sie gießen Tee in Gläser. Nun geht es darum, Wasser in verschiedene Gefäße zu füllen. In diesem Spiel mit dem Wasser ist reichlich mathematische Grunderfahrung inbegriffen: Es wird zugeordnet und verglichen, ausgeglichen und abgemessen. Durch das Umfüllen bekommen Kinder ein Gefühl für Mengen.

Vorbereitung
Stellen Sie die benötigte Sammlung unterschiedlicher Flaschen zusammen.

Gruppe: bis zu sechs Kinder
Material: fünf Glasflaschen in unterschiedlichsten Größen und Formen (z. B. rundbauchig, viereckig, breit, schmal), ein kleines Kännchen (mit höchstens 150 ml Fassungsvermögen), eine 1,5-Liter-Plastikflasche, eine 1-Liter-Plastikflasche, eine 0,5-Liter-Plastikflasche (die Flaschen sollten unterschiedlich große Öffnungen haben), eine Ahle, zwei große, mit Wasser gefüllte Wannen, ein 1-Liter-Messbecher

Einstimmung
Beginnen Sie mit einem Gespräch über »Kaufladen spielen« und fragen Sie die Kinder, was man macht, wenn einer eine Banane, eine Tüte Mehl und weniger Milch kaufen möchte, als in der Milchtüte ist. Sie werden nun miteinander darüber reden, wie man abzählt, abwiegt und abmisst. Erklären Sie den Kindern, dass Sie ein Spiel vorbereitet haben, in dem ein- und umgefüllt und abgemessen werden kann, und zwar mit Wasser.

Aufgaben der Kinder
1. Füllt ein Kännchen mit Wasser und gießt es in eine Flasche.
2. Wie viele Kännchen braucht ihr, um die Flasche zu füllen?
3. Probiert das auch mit einer anderen Flasche aus.
4. Drückt einige leere Plastikflaschen unter Wasser.
5. Welche füllt sich am schnellsten?
6. Bohrt einige Löcher in Plastikflaschen.
7. Füllt sie mit Wasser und beobachtet, welche Flasche am schnellsten wieder leer ist.

Weiterer Spielverlauf
Die Kinder nehmen den Messbecher und finden heraus, in welche der Flaschen genau 1 Liter Wasser bzw. 1/2 Liter Wasser passt. Lassen Sie die Kinder auch mit Trinkbechern verschiedener Volumen experimentieren oder mit unterschiedlich großen Tetrapack-Tüten im Sandkasten.

Hintergrundwissen
Wasser und andere Flüssigkeiten passen sich jedem Behältnis an. Kinder können damit an mathematischen Kombinationen arbeiten, die Sie ihnen vorgeben, und selbsttätig eigene Vergleiche erarbeiten. Sie verwenden dabei Begriffe wie größer, kleiner, mehr, weniger, viel, am meisten oder gleich viel und »erspielen« sich somit eine Hinführung zu grundlegenden mathematischen Fähigkeiten und Fertigkeiten.

Die Welt deuten

Bewegungsenergie

Ziele und Bedeutung
- Eine Form von Energie erproben
- Energie nutzen
- Körperliche Bewegung erzeugen

Kinder sind der lebende Beweis dafür, wie Kraft, in diesem Falle Muskelkraft, Bewegung erzeugt. Sie leisten diese Kraft, um ihre Bewegungsmotivation auszuleben. Vielleicht sind sie deshalb auch so interessiert daran, alles andere in Bewegung zu bringen. Jedenfalls erforschen sie oft schon von sich aus die Grundprinzipien der Bewegung. Trotzdem sollten wir sie immer wieder anregen herauszufinden, wie sich Dinge in Bewegung setzen lassen. Dadurch machen sie sich mit dem Begriff Kraft vertraut und erleben, wie man durch den Einsatz von Kräften Gegenstände bewegen, beschleunigen, verlangsamen und stoppen kann.

Vorbereitung
Für diese Experimente benötigen Sie viel Bewegungsraum.

Gruppe: bis zu acht Kinder
Material: vier Bälle, vier Matten, ein Kegelspiel

Einstimmung
Sie sitzen mit den Kindern auf dem Boden im Kreis zusammen. Erzählen Sie ihnen, dass es heute darum gehen wird, wie man sich bewegen kann. Besprechen Sie verschiedene Bewegungsformen, z. B. hüpfen wie ein Frosch, kriechen wie eine Schlange, gehen wie ein Spaziergänger, schnell rennen wie ein Rennläufer, springen wie ein Känguru. Dann erproben die Kinder unterschiedliche Arten, sich zu bewegen.

Aufgaben der Kinder
1. Geht zu zweit zusammen und findet heraus, wie schnell ihr auf einem Bein hüpfen könnt.
2. Seid ihr mit dem anderen Bein schneller?
3. Wie schnell könnt ihr rennen?
4. Probiert, ob ihr auf der Matte einen Purzelbaum schlagen könnt.
5. Könnt ihr euch ganz schnell im Kreis drehen? Was passiert, wenn ihr danach stehen bleibt?

Weiterer Spielverlauf
Lassen Sie die Kinder jetzt entdecken, dass es auch verschieden Arten gibt, Dinge zu bewegen. Die Kinder stellen fest, wie weit sie einen Ball kicken können. Dann stellen sie fest, ob der Ball weiter fliegt, wenn sie ihn werfen. Zum Abschluss probieren sie, wie viele Kegel sie mit nur einer Kugel umwerfen können.

Hintergrundwissen
Energie setzt Dinge in Bewegung. Sie zieht Muskeln zusammen, die die Kraft liefern, den Körper zu bewegen. Schnelle Bewegung erfordert wesentlich mehr Kraft als langsame. Wir können Energie auf einen Gegenstand übertragen, sodass sich dieser bewegt. Die Arm- und Beinmuskeln liefern die Kraft, die den Ball fliegen lässt. Die Muskeln wiederum beziehen ihre Kraft aus der Nahrung. Ein sich bewegender Gegenstand kann seine Energie auf einen anderen Gegenstand übertragen. Das passiert, wenn die Kugel gegen den Kegel stößt und ihn umwirft. Energie kann auch gespeichert und später verbraucht werden (Batterie, Aufziehspielzeug).

Die Welt deuten

Der Drehsack – ein Energiespeicher

Ziele und Bedeutung
- Erleben, wie Energie gespeichert und freigegeben wird
- Vergleichen und interpretieren

Jede Maschine vermittelt uns das, was die Kinder mit dem Drehsack erleben werden: Man erhält nur so viel Energie aus ihr, wie man vorher in sie hineingesteckt hat. Je mehr Muskelkraft wir in Form von wiederholtem Aufdrehen in die Tüte investieren, desto mehr Energie wird freigegeben.

Vorbereitung
Erproben Sie den Drehmechanismus und stellen Sie die Ergebnisse fest. Stellen Sie die benötigten Materialien auf einen Tisch.

Gruppe: bis zu fünf Kinder
Material: ca. vier unterschiedlich angetriebene Spielzeuge (eines, das man aufziehen kann, ein Auto mit und ein Auto ohne Batteriebetrieb und z. B. ein Windrad), sechs Plastiktüten (dünne Müllsäcke sind ideal), eine Konservendose, ein Kleidungsstück, eine Hand voll Steinchen, eine Hand voll Murmeln, sechs Bauklötze

Einstimmung
Sie sitzen mit den Kindern im Kreis und zeigen ihnen die Spielzeuge. Betrachten und erforschen Sie gemeinsam, wie die Spielzeuge angetrieben werden. Betrachten Sie zusammen das Spielzeug, das aufgezogen werden kann. Dann kündigen Sie an, dass Sie das nun mit Tüten ausprobieren, wie sich Tüten in Schwung und Bewegung bringen lassen.

Aufgaben der Kinder
1. Jeder nimmt eine Tüte und steckt etwas von den fünf Sachen, die auf dem Tisch liegen, hinein.
2. Jedes Kind hält seine Tüte in der Hand, ich drehe jede Tüte 5- bis 6-mal, das Kind hält die aufgedrehte Tüte fest.
3. Ein Kind zählt bis drei, dann lassen alle ihre Tüte los und jeder beobachtet, wie sich seine Tüte dreht und wie sie schneller wird.
4. Ich drehe die Tüten noch einmal 5- bis 6-mal zusammen und ihr beobachtet, welche Tüte sich am schnellsten aufdreht.

Weiterer Spielverlauf
Erhöhen Sie die Anzahl der Drehungen. Macht das einen Unterschied bei der Geschwindigkeit? Es gibt viele Möglichkeiten, Energie zu speichern und wieder abzurufen. Erproben Sie noch andere Energien, die Spielzeug in Bewegung versetzen: Magnetenergie, Wasser- und Solarenergie oder Heißluft. Eine Schaukel beispielsweise ist auch geladene Energie, bis sie losgelassen wird. Werden die Seile der Schaukel verdreht, erzeugt das genau wie bei unserem Versuch mit der Tüte eine Drehbewegung.

Hintergrundwissen
Die Tüte dreht sich dank gespeicherter Energie ähnlich wie ein Aufziehspielzeug. Indem man die Tüte verdreht, wird Energie gespeichert. Sobald man die Tüte loslässt, bewegt diese Energie die Tüte, sie setzt sich drehend in Bewegung. Je mehr Masse, also je schwerer der Inhalt, desto schneller dreht sich die Tüte.

Die Welt deuten

Die Pole

Ziele und Bedeutung
- Kräfte der Magnetpole erproben
- Abstoßende und anziehende Kräfte erleben
- Die Begriffe Nord- und Südpol kennen lernen

Jeder Magnet hat einen Nord- und einen Südpol. Im Zusammenhang mit dem Lebensraum von Pinguinen beispielsweise haben die Kinder oft schon einmal davon gehört. Nun lernen sie die anziehenden und abstoßenden Kräfte der Magnetpole spielerisch kennen.

Vorbereitung
Markieren Sie die beiden Enden (die Pole) des Magneten mit zwei unterschiedlichen Farben. Ringmagnete erhalten Sie günstig online unter www.supermagnete.de

Gruppe: *bis zu sechs Kinder*
Material: *zwei Stab- oder Hufeisenmagnete, zwei Ringmagnete, ein Buntstift*

Einstimmung
Zeigen Sie die Magnete und kündigen Sie an, dass im heutigen Experiment Magnetkräfte ausprobiert werden sollen.

Aufgaben der Kinder
1. Probiert nacheinander aus, an welcher Stelle der Magnet einen Löffel am besten anzieht.
2. Haltet die Enden zweier Magnete aneinander. Was spürt ihr?
3. Was passiert, wenn ihr einen davon umdreht?

Weiterer Spielverlauf
Die Magnetkraft eines Magneten ist an den Polen am stärksten, zur Mitte hin nimmt sie ab. Die Kinder probieren aus, was geschieht, wenn sie zwei an Schnüren aufgehängte Magnete nebeneinander halten. Mit kleinen kreisförmigen Ringmagneten können die Kinder einen Schwebezustand beobachten: Man setzt die Ringmagneten, die innen ein Loch haben, so auf einen Buntstift, dass sie einander abstoßen. Dann schwebt einer über dem anderen.

Hintergrundwissen
Die beiden Enden eines Stabmagneten bezeichnet man (in Anlehnung an die Erde) als Süd- und Nordpol. Hat man zwei Magnete, so ziehen sich Nord- und Südpol an, während sich gleiche Pole abstoßen, ohne dass man hierzu Energie zuführen muss.

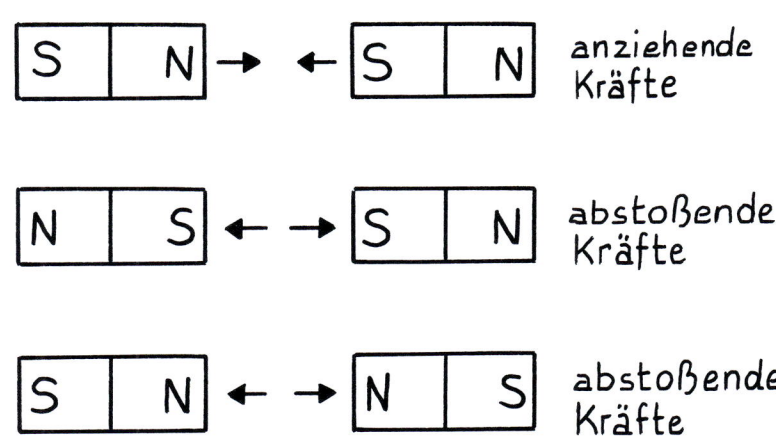

Die Welt deuten

Kommen Magnetkräfte überall durch?

Ziele und Bedeutung
- Magnetkräfte überprüfen
- Reihung erstellen und abzählen
- Ergebnisse interpretieren

Durch ihre bisherige Auseinandersetzung mit der Magnetkraft ist bei den Kindern bereits eine Vorstellung davon entstanden, was ein Magnet ist und was er kann. Mit diesem Versuch wird eine weitere Situation organisiert, in der sie ihre Vorstellungen an neuen Erfahrungen überprüfen können und neue Erkenntnisse über Magnetkräfte gewinnen.

Vorbereitung
Testen Sie Ihr Materialsortiment und die Tischplatte.

Gruppe: bis zu sechs Kinder
Material: ein Seidenschal, Papier, ein Plastikdeckel, ein dicker Wollhandschuh, eine Tischplatte aus Holz, ein Glas Wasser, ein Teelöffel, Büroklammern

Einstimmung
Führen Sie die Aufgaben mit einer kleinen Geschichte ein: »Die Erfinderin Daniela Düsentrieb kann heute nicht in ihrer Werkstatt arbeiten, weil sie zum Zahnarzt muss. Nun bittet sie, dass wir für sie herausfinden, durch welche Materialien die Kräfte ihres großen Hufeisenmagneten dringen können.«

Aufgaben der Kinder
1. Versucht einmal, ob die Magnetkraft durch das Blatt Papier durchkommt.
2. Einer hält den Magneten und ein Blatt Papier, der andere hält den Teelöffel an den Magneten.
3. Funktioniert das?
4. Reihum testen immer zwei Kinder, ob die Magnetkraft durch den Plastikdeckel, den Wollhandschuh und den Seidenschal dringt.
5. Einer legt den Löffel auf den Tisch, der andere versucht, ob die Magnetkraft durch die Tischplatte durchkommt und den Löffel bewegt.
6. Einer legt den Löffel in das Wasserglas und der andere hält den Magnet vorsichtig an die Außenwand des Glases.

Weiterer Spielverlauf
Die Kinder formulieren ihre Erkenntnisse und stellen fest, dass die Magnetkraft durch Gegenstände hindurch wirkt. Sie versuchen sich zu erklären, wie das kommt. Sie wiederholen den Wasserglasversuch mit einer Büroklammer und beobachten, was geschieht. Zum Schluss können sie noch feststellen, wie stark ihr Magnet ist, indem sie eine Büroklammer nach der anderen an den Magneten hängen und abzählen, wie viel Glieder die Kette hat, die sich aus den Büroklammern bilden lässt.

Hintergrundwissen
Holz, Glas, Papier und Seidenstoff sind kein Hindernis für die Magnetkraft, nur Eisen schirmt Magnetkraft ab. Je dicker das Material ist, durch das die Magnetkraft hindurch muss, desto stärker muss sie sein.
Zu schwache Magneten schaffen es z. B. nicht, den Löffel auf der Tischplatte zu bewegen. Die Kraft eines Magneten wird nicht nur durch seine Größe, sondern auch durch seine Form beeinflusst. Hufeisenmagneten sind stärker als Stabmagneten.

Die Welt deuten

Bootsfahrt ohne Motor

Ziele und Bedeutung
- Oberflächenspannung des Wassers verändern
- Vorgang deuten
- Konzentriert beobachten

Aus dem Alltag wissen Kinder, dass durch Fett verschmutztes Geschirr mit Spülmittel besser zu reinigen ist als ohne. Alle Reinigungsmittel enthalten oberflächenaktive Stoffe, die Tenside, die Schaum bilden und die Oberflächenspannung des Wassers verändern. Die Oberflächenaktivität der Tensidteilchen lässt sich mit diesem Versuch demonstrieren.

Vorbereitung
Erproben Sie den Versuch.

Gruppe: bis zu acht Kinder
Material: Karton, Spülmittel, eine größere Schüssel Wasser, für jedes Kind eine Schere

Einstimmung
Fragen Sie die Kinder, welche Art von Booten ihnen bekannt sind. Sicherlich werden sie dabei über die unterschiedlichen Fortbewegungsarten der Boote ins Gespräch kommen. Berichten Sie ihnen, dass sie heute Papierboote vorwärts bringen können: ohne Segel und ohne Motor und ohne Wind.

Aufgaben der Kinder
1. Zeichnet auf einen Karton so den Umriss eines Bootes, wie ihr es auf der Vorlage seht.
2. Schneidet es aus.
3. Setzt es auf das Wasser und lasst es schwimmen.
4. Gebt einen kleinen Tropfen Spülmittel auf eine Fingerspitze.
5. Taucht den Finger hinter dem Boot ins Wasser.
6. Was passiert?

Weiterer Spielverlauf
Das Boot saust nach vorne weg. Fragen Sie die Kinder, warum das wohl passiert und lassen Sie sie diese Entdeckung interpretieren. Die Kinder können den Versuch auch noch mit anderen Materialien durchführen, z. B. mit einem Streichholzschachteleinschub, an dessen hinterem Ende ein Stückchen Löschpapier angeklebt ist. Darauf gibt man den Tropfen Spülmittel.
Wenn man dieses Experiment an einem Teich durchführt, sollte man sehr sparsam mit dem Spülmittel umgehen. Denn in großen Mengen können die Tenside im Wasser lebende Tiere schädigen. Der Wasserläufer im Versuch auf Seite 49 würde dann untergehen. Glücklicherweise sind die Tenside, die wir heute verwenden, allesamt rasch abbaubar.

Hintergrundwissen
Das Spülmittel breitet sich sehr schnell auf der ganzen Wasseroberfläche aus. Dabei gehen die einzelnen Spülmittelteilchen so kraftvoll vor, dass sie das Boot einfach wegdrängen.

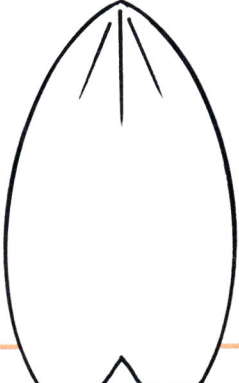

Neugierig?

Lernen Sie die Wunderfitz-Arbeitshefte kennen!

Das Wunderfitz-Arbeitsprinzip zeichnet sich durch seine neuartige Herangehensweise an die Lernbereitschaft der Kinder aus. Kleine, pfiffige Aufgaben, die von Kindern eigenständig zu lösen und auszuführen sind und ihnen dabei noch großen Spaß machen, werden in methodisch aufgebauten Arbeitsschritten auf je einer Seite ausgeführt. Sie erhalten mit den Wunderfitz-Arbeitsheften ein Arbeitsmaterial, das Sie im Alltag des Kindergartens ganz gezielt zur Förderung der verschiedenen Schlüsselkompetenzen einsetzen können.

Renate Zimmer
Über Bewegung die Welt entdecken
Wunderfitz-Arbeitsheft zur Förderung der körperlichen und geistigen Beweglichkeit
56 Seiten, geheftet
€ 8,90 / € [A] 9,20 / SFr 16.50
ISBN 3-451-26519-2

Heike Pfister
Mit anderen die Welt erleben
Wunderfitz-Arbeitsheft zur Förderung der sozialen Kompetenz
56 Seiten, geheftet
€ 8,90 / € [A] 9,20 / SFr 16.50
ISBN 3-451-26516-8

Barbara Mößner
Mit Fantasie die Welt gestalten
Wunderfitz-Arbeitsheft zur Förderung der Kreativität
56 Seiten, geheftet
€ 8,90 / € [A] 9,20 / SFr 16.50
ISBN 3-451-26517-6

Sabine Hirler
Die Welt der bunten Töne erleben
Wunderfitz-Arbeitsheft zur Förderung der rhythmisch-musikalischen Kompetenz
56 Seiten, geheftet
€ 8,90 / € [A] 9,20 / SFr 16.50
ISBN 3-451-26515-X

Sylvia Näger
Die Welt der tausend Sachen erforschen
Wunderfitz-Arbeitsheft zur Förderung der mathematisch-naturwissenschaftlichen Kompetenz
56 Seiten, geheftet
€ 8,90 / € [A] 9,20 / SFr 16.50
ISBN 3-451-26514-1

Simone Pfeffer
Die Welt der Gefühle verstehen
Wunderfitz-Arbeitsheft zur Förderung der emotionalen Intelligenz
56 Seiten, geheftet
€ 8,90 / € [A] 9,20 / SFr 16.50
ISBN 3-451-26513-3

Renate Zimmer
Mit allen Sinnen die Welt erfahren
Wunderfitz-Arbeitsheft zur Wahrnehmungsförderung
56 Seiten, geheftet
€ 8,90 / € [A] 9,20 / SFr 16.50
ISBN 3-451-26512-5

Gisela Walter
Die Welt der Sprache entdecken
Wunderfitz-Arbeitsheft zur Sprachförderung
56 Seiten, geheftet
€ 8,90 / € [A] 9,20 / SFr 16.50
ISBN 3-451-26511-7

Unsere Bücher erhalten Sie in jeder Buchhandlung oder bei D+A: kindergarten Fachversand, Postfach 674, D-79006 Freiburg · CH: Herder AG Basel, Postfach, CH-4133 Pratteln 1.

www.herder.de

HERDER